Schulmanagement-Handbuch
Band 123

Olaf Köller/Jens Möller

Diagnostizieren und evaluieren in der Schule

Praxis empirischer Bildungsforschung

Oldenbourg

Impressum

Schulmanagement-Handbuch 123 • 26. Jahrgang • September 2007
ISSN 1618-5978

Verlag: Oldenbourg Schulbuchverlag GmbH, Rosenheimer Straße 145,
81671 München, Tel. 089/45051-0, Fax -310, www.oldenbourg-bsv.de

Gesellschafter: Alleiniger Gesellschafter des Verlages ist die R. Oldenbourg Verlag GmbH unter der oben genannten Anschrift. Alleiniger Gesellschafter der R. Oldenbourg Verlag GmbH ist die Cornelsen Verlagsholding GmbH & Co., Mecklenburgische Straße 53, 14197 Berlin

Vertrieb: Prögel Pädagogik GmbH, Aboservice, Pelkovenstraße 148, 80992 München,
Tel. 089/45051-336 und -341, Fax -1341, aboservice@proegel.de
In Österreich: Veritas Verlags- u. Handelsges. m. b. H & Co. OHG, Hafenstr. 1–3, A-4010 Linz,
Tel. 0732/776451-2223, Fax -2221, zeitschrift@veritas.at

Verlagsredaktion: Stefan Holler (Leitung), Nadine Schicht, Oldenbourg Schulbuchverlag,
Tel. 089/45051-381, Fax -310, schicht@oldenbourg.de

Herausgeber (verantwortlich): PD Dr. Thomas Riecke-Baulecke, Schulweg 27, 22844 Norderstedt,
Tel. 040/5264-371, Fax: -0543, dr.riecke@wtnet.de

Manuskriptangebote: Redaktionsbüro Norderstedt, Ingrid Baulecke, Schulweg 27, 22844 Norderstedt,
Telefon 040 / 5 26 43 71, ingrid.baulecke@wtnet.de

Fachbeirat: Dr. Cordula Artelt (Berlin), Prof. Dr. Hans Christoph Berg (Marburg), Prof. Dr. Claus G. Buhren (Köln), Dr. Peter Döbrich (Frankfurt/M.), Michael Doppke (Elmshorn), Burkhard Hitz (Braunschweig), Prof. Dr. Stephan Gerhard Huber (Zug [CH]), Dr. Michael Jäger (Nürnberg), Prof. Dr. Olaf Köller (Berlin), Heike Körnig (Berlin), Dr. Josef Lackner (Salzburg), Barbara Loos (München), Holger Mittelstädt (Hohen Neuendorf), Hans Werner Müller (Dresden), Klaus Obermeyer (Hamburg), Thomas Richter (Norderstedt), Prof. Dr. Heinz S. Rosenbusch (Bamberg), Prof. Dr. Annette Scheunpflug (Nürnberg), Konstanze Schneider (Offenbach), Herbert Schnell (Wiesbaden), Prof. Dr. Hans-Georg Schönwälder (Bremen), Prof. Dr. Michael Jäger (Nürnberg), Bärbel Volkers (Bordesholm), Prof. Dr. Jochen Wissinger (Gießen)

Herstellung und Satz: Popp Media Service, Herrenbachstraße 19 ½, 86161 Augsburg,
Tel. 08 21 / 56 75 -111, Fax -112, info@poppmediaservice.de

Druck- und Bindearbeiten: Schroff Druck und Verlag GmbH, Kobelweg 12 1/6, 86156 Augsburg

Anzeigenverwaltung (verantwortlich): Renate Kienzler, Anzeigenagentur ConTex, Pater-Kolbe-Straße 3, 71638 Ludwigsburg, Tel. 07141/871- 670, Fax -753, www.contexlb.de. Anzeigenpreisliste Nr. 26, gültig ab 1.1.2007. Anzeigenschluss 7 Wochen vor Erscheinen

Erscheinungsweise: 4-mal jährlich (März, Juni, Sep., Dez.)

Bei Nichterscheinen ohne Schuld des Verlages übernimmt der Verlag keine Rückerstattung des Bezugspreises

Abonnementbestellungen: bei jeder Buchhandlung und bei Prögel Pädagogik GmbH, Aboservice, Pelkovenstraße 148, 80992 München, Tel. 089/45051-336 und -341, Fax 089/45051-1341, aboservice@proegel.de
In Österreich: Bei der Veritas Verlags- und Handelsges.m.b.H. & Co.OHG, Zeitschriften, Hafenstraße 1–3,
A-4010 Linz, Tel. 0732/776451-2223, Fax 0732/776451-2221, zeitschrift@veritas.at

Einzelhefte können nur durch die Prögel Pädagogik GmbH oder (in Österreich) durch den Veritas Verlag bezogen werden

Abbestellungen: Eine Kündigung muss spätestens 8 Wochen vor Ende des Jahresberechnungszeitraumes erfolgen, ansonsten verlängert sich das Abonnement jeweils automatisch um ein weiteres Jahr. Aus organisatorischen Gründen können Abbestellungen nur schriftlich innerhalb der oben genannten Frist Berücksichtigung finden.

Bezugspreis: Einzelheft € 17,00 (Österreich: € 17,50/Schweiz: sFr. 30,90) inkl. MwSt. zzgl. Versandkosten
Jahresabonnement € 55,90 (Österreich: € 57,50/Schweiz: sFr. 94,00) inkl. MwSt. zzgl. Versandkosten

Anschriftenänderung: Bitte mit alter und neuer Anschrift sowie Angabe der Kundennummer
(steht auf Ihrer Rechnung) an: Prögel Pädagogik GmbH, Aboservice, Pelkovenstraße 148, 80992 München,
Tel. 089/45051-336 und -341, Fax -1341, aboservice@proegel.de
In Österreich: Veritas Verlags- und Handelsges.m.b.H. & Co. OHG, Zeitschriften, Hafenstraße 1–3,
A-4010 Linz, Tel. 0732/776451-2223, Fax 0732/776451-2221, zeitschrift@veritas.at

Alle Rechte vorbehalten. Ein Nachdruck darf nur mit vorheriger Genehmigung des Verlages erfolgen

Der Verlag übernimmt für die Inhalte, die Sicherheit und die Gebührenfreiheit der in dieser Zeitschrift genannten externen Internetlinks keine Verantwortung. Der Verlag schließt seine Haftung für Schäden aller Art aus.

Das Papier ist aus chlorfrei gebleichtem Zellstoff hergestellt, säurefrei und recyclingfähig.

Inhalt

Vorwort 5

1 Einleitung — 6

2 Grundlagen empirischer Forschung — 8

3 Untersuchen — 14

3.1 Überblick über Evaluations- und Forschungsstrategien 14
3.2 Experimentelle Forschung 15
3.3 Quasi-experimentelle Untersuchungen 23
3.4 Nicht-experimentelle Studien (Feldstudien) 25
3.5 Korrelationsstudien 26
3.6 Längsschnittstudien 29

4 Daten erheben und Leistungen diagnostizieren — 32

4.1 Stichprobe 32
4.2 Fragebögen 34
4.3 Objektive Leistungstests 40
4.4 Qualität von Lehrerurteilen 42
4.5 Noten als Prädiktor von Studien- und Berufserfolg 45

5 Auswertungsmethoden — 48

5.1 Statistische Kennwerte und das Skalenniveau 48

6 Evaluieren — 72

6.1	Definition	72
6.2	Ablauf einer wissenschaftlichen Evaluation	73
6.3	Ziele und Fragestellungen	74
6.4	Standards für Evaluationen	76
6.5	Bildungsstandards als Beispiel für Evaluationen im Bildungssystem	78

Literatur	80
Autoren	83
Vorschau	84
Zuletzt erschienene Handbücher	85

Vorwort

Liebe Leserin, lieber Leser,

wie sind die Ergebnisse unserer Bildungsarbeit an unserer Schule zu bewerten? Mit den Instrumenten der empirischen Bildungsforschung, die nun Einzug in die Schulen erhalten, werden den Schulen Möglichkeiten an die Hand gegeben, die Ergebnisse schulischen Lehrens und Lernens in neuer Weise zu betrachten.

Es gehört zum Schulleitungshandeln, die systematische Auswertung der schulischen Arbeit, insbesondere des Unterrichts, in den Blick zu nehmen und die Lehrkräfte darin zu unterstützen, die eigene Arbeit kritisch und auf solider Basis zu überdenken und zu verbessern. Dafür ist ein Verständnis der Grundlagen empirischer Bildungsforschung notwendig.

Ich freue mich, dass wir Prof. Dr. Olaf Köller und Prof. Dr. Jens Möller für dieses Handbuch gewinnen konnten.

Prof. Dr. Olaf Köller ist Direktor des Instituts für Qualitätsentwicklung im Bildungswesen an der Humboldt-Universität in Berlin und verantwortlich für die Überprüfung der Bildungsstandards und die Entwicklung entsprechender Aufgabensammlungen.

Prof. Dr. Jens Möller ist Direktor des Zentrums für Lehrerbildung an der Christian-Albrechts-Universität zu Kiel und an zahlreichen empirischen Untersuchungen beteiligt.

In diesem Handbuch stellen die beiden Autoren die Grundlagen für empirische Forschungen dar und beziehen diese auf schulische Praxis. Ziel ist, ein tieferes Verständnis für den Umgang mit den verschiedenen Methoden von Evaluationen zu vermitteln.

Ich wünsche Ihnen beim Lesen viel Freude, neue Erkenntnisse und Anregungen für Ihre Arbeit.

Ihr Dr. Thomas Riecke-Baulecke
Herausgeber

1 Einleitung

Dieses Handbuch soll Ihnen einen tieferen Einblick in die Empirische Bildungsforschung geben. Alle Kapitel haben mit dem Warum und Wie der (wissenschaftlichen) Bewertung von Bildungsprozessen zu tun. Dabei wird durchgängig auf schulische Diagnose- und Evaluationsprozesse Bezug genommen. Es werden Fragen gestellt und diskutiert wie:
> Wie wird in der Empirischen Bildungsforschung vorgegangen?
> Wann haben Theorien sich bewährt?
> Wie konkretisiert man wissenschaftliche Fragestellungen?
> Welche Forschungsdesigns gibt es und bei welchen Fragestellungen sind sie angemessen?
> Woran sollte bei kleineren und größeren Untersuchungen gedacht werden?
> Wie und mit welchen Messinstrumenten werden Daten erhoben?
> Was taugen Noten als Leistungsdiagnosen?
> Wie können Daten ausgewertet werden?
> Wie schneiden Lehrerurteile im Vergleich zu objektiven Leistungstests ab?
> Wie können schulische Bildungsprozesse evaluiert werden?
> Welche Rolle spielen Bildungsstandards im Gesamtprozess schulischer Evaluation?

Aufgabe dieses Bandes ist es, eine Einordnung der unterschiedlichen Forschungsstrategien zu ermöglichen und ermutigende Hilfestellungen zu geben, wenn Leserinnen und Leser kleinere Untersuchungen an ihrer Schule selbst anregen oder durchführen wollen.

Wichtig ist es natürlich auch, Wissen darüber zu vermitteln, welche Möglichkeiten und Grenzen die einzelnen Untersuchungsstrategien haben. Damit soll nicht zuletzt die kritische Rezeption von empirischen Untersuchungsberichten – in der Fachliteratur oder in den Medien – erleichtert werden. Gerade in einer Zeit zunehmender Bedeutung von empirischen Studien im Bildungssystem ist es auch für Lehrerinnen und Lehrer und insbesondere für Schulleitungen wichtig, wissenschaftliche Arbeiten verstehen und einordnen zu können.

Einleitung

Eine kurze Übersicht
Wir starten so, wie empirische Arbeiten beginnen: mit den sehr praktischen Fragen, wie man Theorien aufstellt und Fragestellungen ableitet.
Zentral sind die Kapitel 3 und 4. Hier werden unterschiedliche Untersuchungsstrategien und Methoden der Datenerhebung vorgestellt. Mit vielen Beispielen angereichert werden im Kapitel „Untersuchen" experimentelle und korrelative Versuchspläne aus der Empirischen Bildungsforschung vorgestellt und erläutert.

Im Kapitel „Daten erheben und diagnostizieren" wird unter anderem die Erstellung von Fragebögen beispielhaft geschildert. Interessierte bekommen einen Einblick in übliche Formen der Erstellung von Items. Schließlich wird in diesem Kapitel die Frage beantwortet, die alle Lehrkräfte, Schülerinnen und Schüler sowie Eltern bewegt: Wie gut sind eigentlich Lehrerurteile, Noten und Zeugniszensuren als diagnostische Urteile? Würfeln die Lehrkräfte, wenn sie Noten geben oder treffen sie exakt die wahre Leistungsfähigkeit der Schülerinnen und Schüler? Können Noten Berufserfolg vorhersagen? Das Diagnostizieren wird somit als alltäglicher Bestandteil des Lehrerhandelns beleuchtet. Dargestellt wird, wie jede Leistungsbeurteilung anhand bestimmter Gütekriterien, der Objektivität, Reliabilität und Validität bewertet werden kann.

Im darauffolgenden Kapitel werden die wesentlichen Merkmale einzelner statistischer Auswertungsverfahren dargestellt. Empirische Bildungsforschung kann (und will) nicht ohne Statistik auskommen. Eingeführt wird in grundlegende Verfahren wie die Varianzanalyse und die Korrelationsstatistik. Dabei stehen keine Formeln, sondern die Grundprinzipien der Verfahren im Mittelpunkt.

Abgeschlossen wird dieses Handbuch mit dem Begriff, der hinter allen Bemühungen steht, den Ertrag schulischer Bildungsanstrengungen zu erfassen. Es ist der Begriff der Evaluation. Geklärt wird, was dieser Begriff bedeutet, wie wissenschaftliche Evaluationen gestaltet sein sollten und welche Standards dabei gelten. Auf diesen Grundlagen werden Aspekte der Evaluation durch Bildungsstandards diskutiert.

2 Grundlagen empirischer Forschung

Empirische Forschung verfolgt die vier Ziele, auftretende Phänomene zu beschreiben, zu erklären, vorherzusagen und zu beeinflussen.

Die Beschreibung beinhaltet in aller Regel eine Quantifizierung, die interessierenden Variablen werden messbar gemacht und dadurch geordnet. Aufgabe der empirischen Bildungsforschung ist es beispielsweise, die Leistungsfähigkeit des Bildungssystems insgesamt zu erfassen. Leistungstests ermöglichen die Erfassung von Schulleistungen, Leistungsvergleiche die Bilanzierung der Ergebnisse dieser Tests.

Die Erklärung ist ein noch anspruchsvolleres Unternehmen. Unterschiede in den Ergebnissen etwa der PISA-Studie zwischen Nationen sollen erklärt werden. Warum sind Schüler aus Finnland wesentlich erfolgreicher als deutsche Schüler? Liegt es am Schulsystem, an den Lehrern, an den Schülern? Kann man aus solchen Studien überhaupt zuverlässige Schlüsse für solche Fragen ziehen?

Die Phänomene sollen vorhergesagt werden können, man will aus pädagogischer und politischer Perspektive Steuerungswissen schaffen, das dazu beiträgt, Probleme des Bildungssystems zu vermeiden.

Schließlich sollen die Erkenntnisse empirischer Forschung auch praktischen Aufgaben dienen; im Bildungsbereich ist die empirische Forschung nützlich bei der

a. Optimierung des Schulsystems, der Schule, des Unterrichts
b. Vermittlung praktisch verwertbaren Wissens an Experten unterschiedlicher Fachrichtungen (z. B. Lehrer)
c. Diagnose und Prognose (z. B. Diagnostik von Teilleistungsstörungen, Übergangsempfehlungen)
d. Beratung und Intervention (z. B. Schullaufbahnberatung, Hochbegabtenberatung)
e. Evaluation von Programmen oder ganzen Schulen (z. B. Leseförderung, Einführung der Ganztagsschule usw.)

Psychologische Fragestellungen, die sich mithilfe empirischer Forschung beantworten lassen, sind von Rost (2005) grob in fünf Klassen unterteilt und mit anschaulichen Beispielen versehen worden:

1) Fragen nach der Existenz von Phänomenen („Gibt es eidetisch veranlagte Kinder und Jugendliche?")

Grundlagen empirischer Forschung

2) Fragen nach der Beschreibung von Phänomenen: „Wie gestalten sich die sozialen Beziehungen hochbegabter Jugendlicher zu ihren Mitschülern?", „Welche Strategien kennzeichnen eine erfolgreiche Klassenführung?"
3) Fragen nach dem Zusammenhang zwischen Variablen, nach der Kovariation. Beispiel dazu: „Wie hoch korrelieren Schulangst und Schulleistung?", „Wie hängen Schulnoten und durch Schultests gemessene Schulleistungen miteinander zusammen?"
4) Fragen nach der Struktur von Variablen: „Ist Intelligenz hierarchisch aufgebaut?", „Setzt sich Leseverständnis aus mehreren voneinander unabhängigen Teilfähigkeiten zusammen?"
5) Fragen nach der Ursache von Phänomenen: „Fördert der Schulbesuch die Intelligenz?", „Lässt sich Schulangst durch ein Selbstwerttraining abbauen?"

Der Zweck empirischer Forschung besteht also in der Beschreibung, Erklärung und Vorhersage von Ereignissen und der Beantwortung praktisch bedeutsamer Fragen. Idealerweise werden zur Klärung solcher Fragen aus Theorien oder Problemen konkrete Fragestellungen oder Hypothesen abgeleitet, die mithilfe wissenschaftlicher Untersuchungen beantwortet werden. Soll die Frage „Lässt sich Schulangst durch ein Selbstwerttraining abbauen?" beantwortet werden, muss also zunächst geklärt werden, was Schulangst ist, wie sie gemessen werden kann und wie ein solches Training aussehen und realisiert werden kann. Anschließend muss die Untersuchung durchgeführt werden, um Daten erheben und auswerten zu können, die es erlauben, die Ausgangsfrage zu beantworten.

Erst die Überprüfbarkeit durch eine wissenschaftliche Untersuchung macht eine Theorie zu einer wissenschaftlichen Theorie. Theorien, die nicht überprüfbar sind, sind keine in diesem Sinn wissenschaftlichen Theorien. Daraus ergibt sich auch, dass Theorien nie endgültig als bewiesen gelten, sie müssen immer einer Revision gegenüber offen bleiben. Sie können sich in zukünftigen Untersuchungen bewähren, aber auch widerlegt werden.

Am Beginn des Forschungs- wie des Evaluationsprozesses stehen also Theorien oder Probleme, die es zu lösen gilt. Damit können Probleme gemeint sein, die sich aus der Praxis ergeben wie etwa die Frage nach der geeigneten Methode zur Vermittlung des Satzes des Pythagoras, nach dem Sinn der Einführung des Fremdsprachenunterrichts in der Grundschule oder nach den Effekten des Ganztagsunterrichts an einer Schule auf die Stimmung von Schüler- und Lehrerschaft. Gemeint sein können aber auch theoretische Probleme, die sich aus Widersprüchen zwischen zwei vorliegenden wissenschaftlichen Theorien ergeben oder aus Forschungslücken, die es zu schließen gilt. Beispielhaft für ein solches theoretisches Problem könnte hier etwa die Frage nach den Effekten äußerer (extrinsischer) oder innerer (intrinsischer) Anreize auf die Motivation von Schülerinnen und Schülern genannt werden (s. Kasten 1).

Kasten 1
Beispiel für eine wissenschaftlich geführte Kontroverse
Der Korrumpierungseffekt
In der wissenschaftlichen Literatur und in der pädagogischen Praxis gibt es eine lang andauernde Kontroverse zwischen Vertretern lerntheoretischer Positionen und Vertretern humanistischer Ansätze über die Bedeutung intrinsischer und extrinsischer Motivationen und insbesondere über deren Wechselwirkungen. Intrinsisch motivierte Schülerinnen und Schüler lernen, weil sie den Lernstoff interessant und wichtig finden. Dagegen lernen extrinsisch motivierte Schülerinnen und Schüler, weil sie Ziele erreichen wollen, die nicht mit dem Inhalt selbst zu tun haben, sondern äußere Ziele darstellen wie gute Noten, Anerkennung durch den Lehrer usw. Die Frage ist jetzt, ob extrinsische, beispielsweise durch den Lehrer eingeführte Anreize wie Ansporn durch Noten die intrinsische Motivation reduzieren. Dies genau wird nach der sogenannten Unterminierungs- oder Korrumpierungshypothese vermutet: Verstärkungen korrumpieren die eigentlich anzustrebende intrinsische Motivation.

Soll man Schüler also loben und Noten als Anreiz darstellen oder behindern solche Vorgehensweisen die Entwicklung einer Lernfreude um der Sache willen? Die Relevanz dieser Frage bezieht sich auf Situationen, in denen Schüler zunächst intrinsisch motiviert lernen und dabei zusätzlich extrinsisch verstärkt werden. Ein typisches Beispiel ist etwa eine schulische Lernsituation, in der ein Schüler sich zunächst aus Interesse an eine Aufgabe setzt und diese ausdauernd und mit Freude bearbeitet. Was passiert nun, wenn Lehrer oder Eltern die Erledigung dieser Aufgabe positiv sanktionieren, den Schüler beispielsweise loben oder belohnen? Die Vertreter der Unterminierungshypothese gehen davon aus, dass der Schüler dann annimmt, die Aufgabe mindestens teilweise wegen der extrinsischen Verstärker bearbeitet zu haben. Dadurch bestünde die Gefahr, die Tätigkeit zukünftig nicht mehr ohne solche Verstärker auszuführen. In diesem Zusammenhang tritt der sogenannte „overjustification effect" ein; der Schüler erlebt sein Verhalten als übermäßig gerechtfertigt, geht davon aus, dass

Grundlagen empirischer Forschung

seine intrinsische Motivation allein nicht ausgereicht hat zur Ausführung der Handlung. Vielmehr nimmt er eine externale Verursachung seiner eigenen Handlung durch die Belohnung an und unterschätzt daraufhin die eigene intrinsische Motivation. In der Folge sinkt die Wahrscheinlichkeit des Auftretens des eigentlich erwünschten Verhaltens, wenn der Schüler keine Belohnung mehr erwarten kann.

Empirische Evidenz für die Korrumpierungsthese stammte zunächst aus Experimenten, bei denen Personen beispielsweise Geld für bereits intrinsisch motivierte Tätigkeiten erhielten. Es zeigte sich, dass Personen, die eine Belohnung erhielten, die Tätigkeit anschließend schneller beendeten als Personen, die keine Belohnung bekamen. Belohnungen scheinen also zu einer Reduzierung der intrinsischen Motivation führen zu können. In verschiedenen, von den Autoren sehr gegensätzlich interpretierten Analysen der Forschungslage zeigte sich, dass dieser Unterminierungseffekt dann auftritt, wenn die Belohnung deutlich wahrnehmbar dargeboten wird (wie beispielsweise bei finanziellen Verstärkern), dass hingegen verbale Bekräftigung und Kompetenzrückmeldung eher zu einer Steigerung der Motivation führen. Damit kann man vorläufig zusammenfassend davon ausgehen, dass der Korrumpierungseffekt eher die Ausnahme als die Regel darstellt und dass insbesondere verbale Verstärkung durchaus geeignet ist, die Lern- und Leistungsbereitschaft zu erhöhen.

Aus theoretischen Problemen oder dem Wunsch nach Evaluation sollten konkrete Fragestellungen abgeleitet werden, die so formuliert sein müssen, dass sie empirisch überprüfbar sind. Vereinfacht gesagt, gelten Fragestellungen oder Theorien dann als empirisch überprüfbar, wenn sie mit Daten aus der Erfahrungswelt übereinstimmen. Es zählt dann beispielsweise nicht, wer eine Theorie aufgestellt oder ein Lernprogramm entwickelt hat, und es ist weniger wichtig, wie viele Personen einer Theorie anhängen oder ähnlicher Meinung sind. Entscheidend ist allein, ob eine Annahme (beispielsweise über den förderlichen Effekt eines Trainingsprogramms) durch erhobene Daten gestützt oder widerlegt wird.

Häufig beziehen empirisch arbeitende Forscher sich auf die Überlegungen des Kritischen Rationalismus nach dem britischen Philosophen Popper. Nach Popper können wissenschaftliche Aussagen nicht endgültig bewiesen werden, keine Erkenntnis gilt mit absoluter Sicherheit. Wissenschaftliche Aussagen und Hypothesen müssen prinzipiell falsifizierbar, also widerlegbar sein. Hypothesen, die nicht widerlegbar sind („Wenn der Hahn kräht auf

Grundlagen empirischer Forschung

dem Mist, ändert sich das Wetter oder es bleibt wie es ist"), können daher nicht als wissenschaftliche Aussagen gelten. Auch für Evaluationen benötigt man konkrete Fragestellungen, die sich einer Analyse nicht entziehen.

In den empirisch ausgerichteten Disziplinen der Erziehungswissenschaft oder der Psychologie entsteht Erkenntnisgewinn also aus dem Zusammenspiel zwischen der Bildung von Theorien, der Ableitung konkreter Fragestellungen und Hypothesen auf der einen Seite und der Überprüfung dieser Theorien, Fragestellungen und Hypothesen mit empirischen Forschungsmethoden auf der anderen Seite. Mehr als im Alltagsleben, in dem häufig unsere Erwartungen, Wünsche und subjektiven Erfahrungen unsere Wahrnehmungen beeinflussen, setzt sich die empirische Forschung der Gefahr oder Möglichkeit des Scheiterns der Annahmen aus. Überzeugungen müssen revidiert oder modifiziert werden, gefestigte Einstellungen geraten im Licht empirischer Befunde ins Wanken. Auch bei Evaluationen sind solche Entwicklungen möglich. Evaluationen, deren Ergebnis vorher feststeht, etwa weil konkrete Fragestellungen gar nicht erst entwickelt werden oder kein Interesse an transparenten Ergebnissen besteht, sind schwer zu rechtfertigen. Wie überraschend (zumindest für die Öffentlichkeit) die Ergebnisse der Empirischen Bildungsforschung sein können, zeigt beispielhaft der Wandel in der öffentlichen Betrachtung der Qualität unseres schulischen Systems, der durch die internationalen Schulleistungsstudien wie TIMSS und PISA eingetreten ist. War vorher die Meinung weit verbreitet, dass unser Bildungssystem international verglichen zu den besten zählt, stieg die Anzahl der Kritiker am deutschen Schulsystem im Licht der empirischen Befunde beträchtlich.

Hier wurde also die Frage nach der Qualität des Bildungssystems gestellt. Sie wurde mit empirischen Forschungsmethoden wie etwa der Vorgabe von Leistungstests untersucht und ausgewertet. Die Ergebnisse wurden interpretiert und diskutiert; schließlich wurden Folgerungen abgeleitet, die auf das Schulsystem zurückwirken (und oft viel weiter gehen als es der wissenschaftliche Teil der Untersuchungen eigentlich zulässt).

Die Auswirkungen der Veränderungen infolge solcher Untersuchungen führen zu neuen Fragestellungen, die wiederum zu neuen empirischen Untersuchungen führen. So sind in Folge der Veränderungen, die durch PISA angeregt wurden, viele Ganztagsschulen entstanden. Diese Entwicklung führt wiederum zur Frage, wie sich die Einrichtung dieser Ganztagsschulen auf das Familienleben, die Berufstätigkeit der Eltern und natürlich auf das Sozialverhalten und die Schulleistungen der Schüler auswirkt (s. beispielhaft die STEG-Studie, die am Deutschen Institut für Internationale Pädagogische Forschung (dipf) in Frankfurt durchgeführt wird).

Grundlagen empirischer Forschung

Vernünftigerweise ist der wissenschaftliche Prozess selbst so gegliedert, wie auch wissenschaftliche Publikationen aufgebaut sind. Diesem Ablauf folgt die hier vorliegende Darstellung.

Nachdem jetzt knapp dargelegt wurde, auf welchen Grundannahmen der theoretische Anteil empirischer Forschung basiert, wird es im Folgenden konkreter. Im Kapitel 3 werden verschiedene Untersuchungsstrategien vorgestellt, die geeignet sind, ganz unterschiedliche Hypothesen zu testen (Planung der Untersuchung). In Kapitel 4 geht es dann darum, wie Daten erhoben werden. Dazu müssen Variablen messbar gemacht werden (Operationalisierung der Variablen), Personen als Teilnehmer der Untersuchung ausgewählt werden (Auswahl der Stichprobe) und die Untersuchung geplant und durchgeführt werden (Versuchsdesign, Durchführung der Untersuchung, Erhebung der Daten). Die erhobenen Daten müssen schließlich verrechnet und interpretiert werden (Kapitel 5: Auswertung, Auswahl des geeigneten statistischen Verfahrens).

Kasten 2 zeigt den Forschungsprozess in einzelnen Arbeitsschritten (vereinfacht nach Erdmann, 1988). Vergleichbare Abläufe sollten auch für Evaluationen im Bildungssystem handlungsleitend sein.

Kasten 2
Der Forschungsprozess in einzelnen Arbeitsschritten
1. Theorie oder Problemstellung
2. Ableitung der Fragestellung
3. Planung der Untersuchung
4. Messinstrumente entwickeln (Operationalisierung)
5. Auswahl der Stichprobe
6. Art der Untersuchung (Versuchsdesign)
7. Durchführung der Untersuchung
8. Erhebung der Daten
9. Auswertung
10. Auswahl des geeigneten statistischen Verfahrens
11. Interpretation der Ergebnisse

3 Untersuchen

3.1 Überblick über Evaluations- und Forschungsstrategien

Forschungsarbeiten in der empirischen Bildungsforschung können sich auf einzelne Variablen oder auf Kombinationen von Variablen wie Unterricht, Schüler, Lehrer, Schulfächer, Schularten oder Schulsysteme beziehen. Auch Kontextbedingungen wie der soziokulturelle Hintergrund, gesellschaftliche und wirtschaftliche Entwicklungen können eine Rolle spielen. Je nach Art der Fragestellung kommen die typischen Strategien der empirischen Bildungsforschung zum Einsatz, die in Anlehnung an Klauer (2001) im Kasten 3 aufgeführt sind und im Fortgang vorgestellt werden. Auch im Falle schulischer Evaluationsmaßnahmen kann zwischen diesen Strategien gewählt werden. Entscheidend ist bei der Auswahl, welche Strategie zu der jeweiligen Fragestellung passt.

Kasten 3
Forschungsstrategien in der empirischen Bildungsforschung
> Experimentelle Untersuchungen
>> Experimente
>> Quasiexperimente
> Nicht-experimentelle Studien (Feldstudien)
>> Korrelationsstudien
>> Längsschnittstudien
>> Qualitative Studien

Aus Platzgründen, und weil sie die aktuellen Diskussionen im Schulsystem stark beeinflussen, findet hier eine Konzentration auf quantitativ ausgerichtete Forschungsstrategien statt. Qualitativ ausgerichtete Ansätze in der empirischen Bildungsforschung beschäftigen sich mit der Durchführung von Interviews oder dem Einsatz von Lerntagebüchern und haben oft eher explorativen Charakter (hinsichtlich der Durchführung von qualitativen Studien s. Mayring, 2002).

3.2 Experimentelle Forschung

Um Ursache-Wirkungs-Zusammenhänge zu untersuchen und kausale Aussagen treffen zu können, ist das Experiment die Methode der Wahl (siehe Kasten 4). In einfachen Formen des Experiments wird zunächst eine Variable manipuliert, beispielsweise die Organisationsform des Unterrichts. So könnte man untersuchen wollen, ob Gruppenarbeit zu besseren Lernresultaten führt als herkömmlicher Frontalunterricht (die Manipulation ist hier also die Form des Unterrichts). Die Schüler mehrerer Klassen würden dann nach dem Zufallsprinzip in Gruppen aufgeteilt werden, die zu einem Thema entweder eine Gruppenarbeit durchführen oder Frontalunterricht erhalten. Beobachtet wird dann, wie sich in Abhängigkeit von der Unterrichtsform eine andere Variable (beispielsweise die Lernleistung der Schüler) verändert.

Wichtig ist dabei, dass alle anderen Variablen konstant gehalten werden, das Experiment also für beide Gruppen unter sonst gleichen Bedingungen stattfindet und nur die Unterrichtsform sich unterscheidet (s. weiter unten „Randomisierung"). Nur dann kann die Veränderung in der Lernleistung (abhängige Variable genannt) eindeutig als Effekt der Änderung der Unterrichtsform (unabhängige Variable genannt) interpretiert werden.

Kasten 4
Was ist ein Experiment?
„Ein Experiment ist ein planmäßig ausgelöster und wiederholbarer Vorgang, bei dem beobachtet wird, in welcher Weise sich unter Konstanthaltung anderer Bedingungen mindestens eine abhängige Variable ändert, nachdem mindestens eine unabhängige Variable geändert worden ist. Wesentliche Merkmale des Experiments sind:
1.) Planmäßigkeit
2.) Wiederholbarkeit
3.) und systematische Variation bzw. Konstanthaltung von Bedingungen.

Im Experiment lassen sich immer ein Zustand vorher, eine Änderungsphase (Treatment) und ein Zustand nachher unterscheiden." (Definition nach Klauer, 2001, S. 77 f.)

Zentral in der in Kasten 4 gegebenen Definition ist die Unterscheidung zwischen unabhängiger und abhängiger Variable. Die unabhängige Variable

(UV) wird vom Untersucher manipuliert. Dies können, wie eben beschrieben, zwei verschiedene Organisationsformen des Unterrichts sein. In diesem Fall hat die UV Organisationsform zwei Ausprägungen oder Stufen: Gruppenarbeit und Frontalunterricht. Man spricht dann von einem einfaktoriellen Versuchsplan, weil nur eine unabhängige Variable beteiligt ist. Gemessen wird dann, wie sich die unterschiedlichen Ausprägungen der UV auf die abhängige Variable (AV; in diesem Fall den Lernerfolg) auswirken. Die abhängige Variable ist also die Zielgröße, über deren Veränderung die Stufen der unabhängigen Variablen bewertet werden. Fällt der Lernerfolg in der Bedingung „Gruppenarbeit" höher aus als in der Bedingung „Frontalunterricht", liefern die Daten Unterstützung für die Annahme, dass Gruppenarbeit zu einer Steigerung des Lernerfolgs führt. Ein anderes Beispiel für einen einfaktoriellen Versuchsplan findet sich in Kasten 5.

Kasten 5
Ein Experiment im alten Ägypten
Ein geschichtlich überliefertes (makabres) Beispiel für ein einfaktorielles Experiment berichtet Sarris (1992, 59 f.; ursprünglich aus Matheson, Bruce & Beauchamp, 1978).

Der Magistrat im alten Ägypten hatte eine Gruppe von Verbrechern dazu verurteilt, giftigen Schlangen wehrlos ausgesetzt zu werden. Als die Verbrecher zu ihrer Hinrichtungsstelle geführt wurden, gab ihnen eine mitleidige Frau etwas Zitrone zur Erfrischung. Obwohl sämtliche Gefangenen von den Schlangen gebissen wurden, starb doch niemand an dem sonst tödlichen Schlangenbiss. Der hierüber verwunderte Magistrat entwickelte nun die Hypothese, dass das Essen der Zitrusfrucht als „Kausalfaktor" für das Überleben der Gefangenen verantwortlich zu machen sei.

Um diese Annahme zu überprüfen, teilte der Magistrat ein nächstes Mal eine andere Gruppe von Verurteilten in zwei Untergruppen (per Zufall?) auf, wobei die erste Gruppe („experimentelle" Gruppe) die Zitrusfrucht zum Essen erhielt, hingegen die andere („Kontroll"-)Gruppe nicht. Die unabhängige Variable hatte also zwei Stufen (Experimentalgruppe mit Zitrone und Kontrollgruppe ohne Zitrone). Keiner der Verbrecher aus der experimentellen Gruppe starb an den Schlangenbissen, hingegen starben alle Verbrecher, die zur Kontrollgruppe gehörten.

Vor der Aufteilung in zwei Gruppen war es nicht möglich, mit ausreichender Sicherheit zu behaupten, dass die Gabe von Zitronen Einfluss auf die abhängige Variable, die Folgen des Schlangenbisses habe. Es wurde bis

Experimentelle Forschung

dahin nur eine Gruppe einem Treatment (Zitronengabe) unterworfen. In einem solchen Design sind die Störfaktoren nicht zu kontrollieren. Eine genauso schlüssige Alternativerklärung für das Überleben wäre, von vornherein gegen das Schlangengift immune Gefangene anzunehmen oder den Einfluss irgendeines Zauberers geltend zu machen.

Erst die Bildung zweier Vergleichsgruppen erlaubt es, die Hypothese des Magistrats strenger zu prüfen. Um die behauptete Wirkung zu zeigen, müssen die Ergebnisse einer Teilstichprobe, die Zitronen erhält, mit den Ergebnissen verglichen werden, die resultieren, wenn Personen keine Zitronen erhalten. Diese letzte Bedingung wird auch oft Kontrollbedingung genannt. Die Anzahl schlüssiger Alternativhypothesen zur Erklärung der Ergebnisse wird damit drastisch reduziert. Der Einfluss personenabhängiger Störvariablen (wie die prinzipielle Immunität der Personen) kann durch die zufällige Zuteilung der Personen (Randomisierung) zu den beiden Bedingungen kontrolliert werden (nach Möller & Strauß, 1994).

Selbstverständlich kann ein Versuchsleiter auch mehr als eine UV manipulieren, in diesem Fall liegt ein mehrfaktorieller Versuchsplan vor. Würde beispielsweise zusätzlich zur Organisation des Unterrichts manipuliert werden, ob er in englischer oder deutscher Sprache stattfindet, würde es sich um einen zweifaktoriellen Versuchsplan handeln. Die Schüler würden dann in vier Kombinationen unterrichtet werden. Ein Viertel würde englischsprachige Gruppenarbeit erleben, das zweite Viertel deutschsprachige Gruppenarbeit, das dritte Viertel englischsprachigen Frontalunterricht und das letzte Viertel deutschsprachigen Frontalunterricht. Ein Beispiel für ein pädagogisch-psychologisches Experiment mit zwei zweifach gestuften unabhängigen Variablen zeigt Kasten 6 (nach Köller, 2007).

Kasten 6
Ein Beispiel für ein Experiment: Die Studie von Krause, Stark und Mandl (2004)
Krause und Kollegen untersuchten Bedingungen des Wissenserwerbs im Bereich der empirischen Forschungsmethoden. Untersucht werden sollte, wie sich die Sozialform des Unterrichts beim Lernen in einer computerbasierten Lernumgebung auswirkt. Die Sozialform war also die erste unabhängige Variable. Verglichen wurden Lernergebnisse von Schülern, die allein arbeiteten mit den Lernergebnissen von Schülern, die kooperativ in Dyaden arbeiteten (UV 1: Individuelles Lernen vs. Lernen in Dyaden). Gleichzeitig wollte man untersuchen, ob und wie sich Feedbackmaßnahmen bei diesen Lernprozessen auf das Lernergebnis auswirken. Die Lerner in Dyaden und in der Individualbedingung mussten zur Manipulation dieser zweiten unabhängigen Variable einen Verständnistest bearbeiten und erhielten zur Hälfte ein ausführliches Feedback, während die andere Hälfte kein Feedback bekam (UV 2: Feedback vorhanden vs. nicht vorhanden). Es handelte sich hierbei somit um ein zweifaktorielles Design (mit zwei UVs). Beide UVs hatten je zwei Ausprägungen. Die zentralen abhängigen Variablen AVs waren (a) die Leistung in einem Lernerfolgstest und (b) die Lernzeit. Sie wurden gemessen mit einem weiteren Verständnistest beziehungsweise mit der vom PC gemessenen Bearbeitungszeit.

N = 137 Studierende wurden auf die vier Bedingungen aufgeteilt. Für den Lernerfolg ergaben sich die in Abbildung 1 gezeigten Ergebnisse. Zunächst ergibt sich ein auffälliger Unterschied zwischen den beiden Bedingungen mit und ohne Feedback. Die Personen mit Feedback waren deutlich besser als die ohne Feedback. Man bezeichnet den Effekt einer einzelnen UV als Haupteffekt (hier: Haupteffekt der UV Feedback). Der Unterschied zwischen den Organisationsformen des Lernens war hier deutlich geringer. Beide Gruppen schneiden annähernd gleich ab, die Autoren fanden keinen Haupteffekt der UV Sozialform. Wie Abbildung 1 zeigt, wurde also bei vorhandenem Feedback besser gelernt als bei fehlendem Feedback (Haupteffekt Feedback). Dieser Effekt gilt aber nicht in gleicher Weise für die beiden Sozialformen. Die Untersuchungsteilnehmer in der individuellen Situation profitierten stärker vom vorhandenen Feedback als solche in einer kooperativen Lernsituation. Diese Wechselwirkung – also die unterschiedlichen Auswirkungen einer unabhängigen Variablen auf den Stufen einer anderen unabhängigen Variablen – nennt man einen Interaktionseffekt („Sozialform x Feedbackmaßnahme").

Was ergab sich bei der zweiten abhängigen Variable? Bei der Lernzeit ergaben sich zwei Haupteffekte: In der kooperativen Situation wurde mehr Lernzeit aufgewendet, das Gleiche galt bei Vorhandensein der Feedbackmaßnahme. Ein bedeutsamer Interaktionseffekt ergab sich nicht.

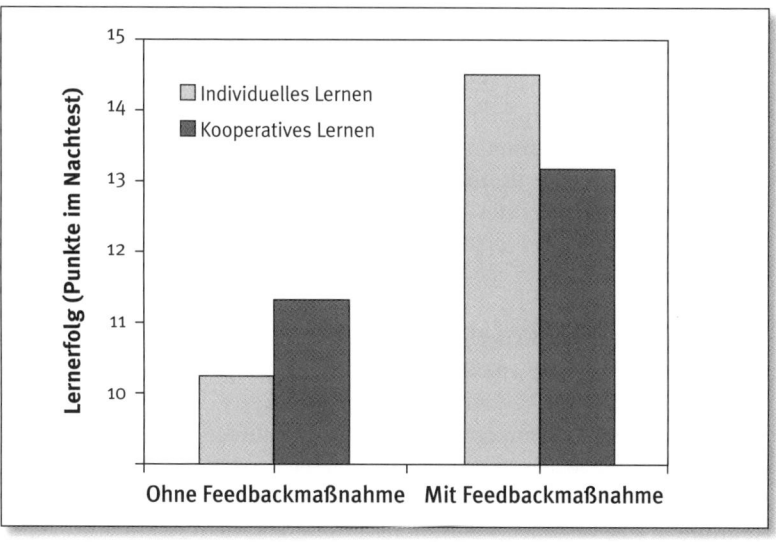

Abbildung 1: Lernerfolg in Abhängigkeit von der Sozialform und der Feedbackmaßnahme in der Untersuchung von Krause et al. (2004, S. 132) (nach Köller, 2007)

Bei vielen Experimenten, gerade wenn es um Lernresultate oder Wissenstests geht, wird zusätzlich erfasst, wie die abhängige Variable vor der experimentellen Manipulation ausgeprägt ist (Baseline). Man kann dann überprüfen, ob das Vorwissen in allen Gruppen anfangs gleich war. Wenn die Gruppen sich vor dem Experiment nicht unterscheiden, kann mit größerer Sicherheit davon ausgegangen werden, dass unterschiedliche Entwicklungen auch wirklich auf die experimentelle Manipulation zurückzuführen sind.

Nicht selten werden in Experimenten auch mehr als zwei Messzeitpunkte realisiert. Will man beispielsweise die Effekte eines Lesetrainings zur Steigerung der Lesekompetenz durchführen, wird man die zentrale abhängige Variable Lesekompetenz vor dem eigentlichen Training, nach dem Training und zeitverzögert (Follow-up) ein drittes Mal erheben. So weiß man, welche Steigerungen der Lesekompetenz unmittelbar auf das Training zurückzuführen sind, und wie die Lesekompetenz sich ohne erneutes Training weiterentwickelt, wenn einige Zeit vergangen ist. Man kann dann beurteilen, ob es sich nur um einen unmittelbaren Effekt (‚eine Art Strohfeuer') handelt, oder ob von einer nachhaltigen Kompetenzerhöhung ausgegangen werden kann.

Allerdings könnte es sein, dass eine Veränderung in der Kompetenz gar nicht durch das Lesetraining entstanden ist, sondern es sich um eine durch andere Faktoren bedingte Zunahme in der Lesekompetenz handelt. Um das Risiko zu reduzieren, dass andere Faktoren für Veränderungen verantwortlich sind, wird in die Untersuchung (mindestens) eine Kontrollgruppe einbezogen, die ebenfalls vor dem Training (der anderen Gruppe), nach dem Training und zum Zeitpunkt der Follow-up-Messung getestet wird. Wenn die Gruppen vor dem Training ungefähr gleich gut lesen konnten, die Trainingsgruppe nach dem Training besser wird als die Kontrollgruppe und die Verbesserung gegenüber der Kontrollgruppe anhält, kann man von einem Erfolg des Lesetrainings sprechen (vgl. hierzu Hasselhorn & Mähler, 2000; Rost, 2005).

Zur Aussagekraft von Experimenten
Der Wert einer experimentellen Untersuchung hängt entscheidend davon ab, wie genau man die Veränderungen der abhängigen Variable auf die Manipulation der unabhängigen Variablen zurückführen kann. Im Idealfall sollten alle zusätzlichen Variablen, die die Wirkungen der UV auf die AV stören könnten, entweder kontrolliert werden oder sich (durch die zufällige Zuordnung von Personen = Randomisierung) auf die verschiedenen experimentellen Bedingungen gleich verteilen. Wir stehen hier vor dem Problem der internen Validität (siehe Kasten 7).

Kasten 7
Validität (Gültigkeit)
Eine Untersuchung erlaubt dann valide Aussagen, wenn sie das, was sie aussagen soll, auch tatsächlich untersucht. Bei Untersuchungen unterscheidet man die interne und die externe Validität. Intern valide ist eine Untersuchung, wenn die Schlussfolgerungen, die aus ihr gezogen werden, ohne Alternative sind, wenn in Experimenten also die Veränderungen der AV eindeutig auf die Manipulation der UV zurückzuführen sind. Extern valide ist eine Untersuchung dagegen, wenn die Befunde auf andere Kontexte und Populationen übertragbar sind und nicht nur für die artifizielle Situation des Labors gelten.

Experimentelle Forschung

Die interne Validität eines Experiments ist dann hoch, wenn alle alternativen Erklärungen zum Zustandekommen der Ausprägungen der abhängigen Variablen ausgeschlossen werden können. Die erste Voraussetzung zur Sicherung der internen Validität eines Experiments ist die zufällige Zuweisung von Personen zu den experimentellen Bedingungen (Randomisierung). Damit soll erreicht werden, dass alle Personenmerkmale, die einen Einfluss jenseits der UV auf die AV haben, auf die unterschiedlichen Bedingungen der UV gleich verteilen. Im Experiment von Krause et al. (2004) könnte eine solche störende Eigenschaft die Vertrautheit mit dem PC oder das Vorwissen der Versuchsteilnehmer sein. Im Falle einer experimentellen Untersuchung kann es daher sehr sinnvoll sein, solch eine Störvariable zu kontrollieren, indem man Probanden mit identischem Vorwissen den unterschiedlichen Bedingungen zuweist. Dabei kann das Vorwissen auch als zweite unabhängige Variable berücksichtigt werden, beispielsweise mit den Ausprägungen „hoch", „mittel" und „gering". Allerdings ergibt sich hier das Problem, dass Personen diesen Bedingungen nicht zufällig zugewiesen werden, sondern aufgrund ihrer Leistungen in einem Vorwissenstest. Wir sprechen dann nicht mehr von einer experimentellen, sondern einer quasi-experimentellen Studie (S. 23).

Beeinträchtigungen der internen Validität
Viele Faktoren können zu einer Beeinträchtigung der internen Validität bei Experimenten und mehr noch bei anderen empirischen Studien führen. Nach der Vorlage von Campbell und Stanley (1970) findet sich bei Rost (2005) ein Überblick über diese Fehlerquellen.

Die erste Fehlerquelle kann sogenanntes zwischenzeitliches Geschehen darstellen. Dazu gehören alle Faktoren, die gleichzeitig mit der experimentellen Intervention auf die abhängige Variable wirken, jedoch nicht Teil der Intervention sind. Effekte unterschiedlicher Instruktionsvarianten können beispielsweise dadurch gestört werden, dass Schülerinnen und Schüler aus einzelnen experimentellen Bedingungen am Nachmittag Nachhilfe erhalten.

Die zweite Fehlerquelle können Reifungs- und Entwicklungseffekte sein, die besonders bei jüngeren Schülerinnen und Schülern zu beachten sind. Durch entwicklungsbedingte Veränderungen der abhängigen Variablen wird die Interpretierbarkeit der Daten erschwert.

Drittens resultieren manchmal Testungseffekte aus der mehrmaligen Messung einer abhängigen Variablen. Solche wiederholten Messungen bei experimentellen Untersuchungen können beispielsweise vor und nach einer Intervention liegen, sodass die Vortestung allein die nachfolgende Testung beeinflusst (beispielsweise durch Übungseffekte). Schließlich bezeichnet man als Stichprobenmortalität den Verlust von Versuchspersonen, wenn beispielsweise Teilnehmer an einer Untersuchung zu einem der Untersuchungszeitpunkte nicht erscheinen, weil sie erkrankt oder nicht mehr motiviert sind.

Eine annähernd perfekte Kontrolle von Störvariablen gelingt immer dann, wenn durch die Untersuchungsdurchführung wie in einem Labor hoch standardisierte Versuchsbedingungen realisiert werden können. Man kann dann davon ausgehen, dass die einzige Variation durch die experimentellen Bedingungen ausgelöst wurde. Bei einem Experiment in einem isolierten Labor, an dem nur intelligente Mädchen eines Alters von 13 Jahren aus sozial privilegierten Familien dem Zufall nach unterschiedlichen Lernmethoden ausgesetzt sind, ist die interne Validität natürlich hoch. Fraglich ist dann aber, inwieweit die Befunde aus solchen Stichproben auf den natürlichen Klassenraum und andere schulische Bedingungen übertragbar sind. Man steht damit vor dem Problem der externen oder ökologischen Validität. Gelten die im Laborexperiment gefundenen Ursache-Wirkungs-Zusammenhänge auch in natürlichen, z. B. schulischen Kontexten? Gelten sie auch für andere Personengruppen?

Beeinträchtigungen der externen Validität
Auch die externe Validität wird von Störfaktoren beeinflusst, die in Anlehnung an Campbell und Stanley (1970) von Rost (2005) angeführt werden.
› Erstens ist hier die Reaktivität zu erwähnen. Sie bezeichnet das Verhalten von Probanden in einer Untersuchung, das dadurch ausgelöst wird, dass die Probanden glauben, den Untersuchungsgegenstand oder die Hypothesen des Untersuchers zu kennen und sich entsprechend verhalten. Hat also ein Schüler die Hypothese, dass er an einer Untersuchung zu Effekten unterschiedlicher Unterrichtsmethoden beteiligt ist, so kann er sich bei der Erfassung der AV (Leistung) besonders oder überhaupt nicht anstrengen.
› Interaktionen (Wechselwirkungen) von Auswahlfaktoren und experimentellen Variablen können auftreten, wenn eine experimentelle Intervention nur in der untersuchten Stichprobe erfolgreich ist. Beispielsweise steigert ein Mathematikförderkurs eventuell nur bei Jungen die Rechenleistung, während sich bei Mädchen kein Effekt zeigt.

Trotz seiner erheblichen erkenntnistheoretischen Vorteile hat das Experiment also Grenzen, vor allem in Fragen der Relevanz in anwendungsnahen

Kontexten, zu denen der Bildungsbereich sicher gehört. Auch ist die Randomisierung bei schulnahen Untersuchungen oft schwierig. Will man zwei Lernmethoden miteinander vergleichen, ist es selten möglich (und auch nicht immer sinnvoll), die Schülerinnen und Schüler dem Zufall nach auf die beiden Bedingungen zu verteilen. Man kann oft nicht anders als die Klassen als gesamte Gruppe einer Lernmethode auszusetzen. Aus diesen und anderen Gründen finden im Bildungsbereich häufiger die im Folgenden dargestellten quasi-experimentellen Untersuchungen statt.

3.3 Quasi-experimentelle Untersuchungen

Will ein Forscher Effekte unterschiedlicher Unterrichtsmethoden im Klassenkontext erkunden, so ist es wie gesagt oft unmöglich, Schülerinnen und Schüler per Zufall den experimentellen Bedingungen zuzuweisen. Anstelle von Einzelpersonen können intakte Klassen den jeweiligen Bedingungen zugeordnet werden. Weiterhin ist es oft nötig, an die Personen gebundene Eigenschaften als zusätzliche UVs zu berücksichtigen. Dies können u. a. das Geschlecht oder der Migrationshintergrund von Schülerinnen und Schülern sein. Auch bei diesen Variablen ist eine Randomisierung von vornherein ausgeschlossen. Fehlt die Randomisierung bei der Zuweisung zu den experimentellen Bedingungen oder werden Variablen als UVs berücksichtigt, die nicht von außen manipulierbare persönliche Eigenschaften darstellen (z. B. Geschlecht), so sprechen wir von quasi-experimentellen Untersuchungen.

Die Schwächen solcher Versuchspläne, in denen beispielsweise intakte Schulklassen den verschiedenen Bedingungen zugewiesen werden, sind offensichtlich. So ist nicht auszuschließen, dass sich die Klassen hinsichtlich der AV bereits vor dem Experiment unterschieden haben. Hat eine Klasse im Durchschnitt schon vorher eine deutlich höhere Lesekompetenz als eine Vergleichsklasse, ergibt es wenig Sinn, die Effekte eines Lesetrainings zu berechnen, ohne diese vorab existierenden Unterschiede zu berücksichtigen. Man löst solche Probleme ansatzweise, indem man vor dem Training einen Vortest der Lesekompetenz (eine Art Baseline-Erhebung der AV) durchführt. Damit erhält man Aufschluss über vorexperimentelle Unterschiede zwischen Experimental- und Kontrollgruppe. Weiterhin ist es in quasi-experimentellen Studien angeraten, viele potentielle Störvariablen zu erfassen, von denen bekannt ist, dass sie einen Einfluss auf die AV nehmen könnten. Allerdings können Klassen sich auch bezüglich anderer Merkmale unterscheiden, die einen Einfluss auf die AV haben können, und die in Untersuchungen unbemerkt bleiben oder nicht zu kontrollieren sind.

Ein Beispiel für ein Quasi-Experiment findet sich im Kasten 8.

Kasten 8
Eine quasi-experimentelle Trainingsstudie
In dieser Untersuchung geht es zunächst um die Überprüfung der Effektivität eines Trainingsprogramms zur Verbesserung des induktiven Denkens nach Klauer (1991). Es wird untersucht, ob Grundschüler bessere Intelligenztestergebnisse erzielen, wenn mit ihnen systematisch Prozesse des induktiven Denkens trainiert werden. Zunächst einmal ist daher eine Trainingsgruppe und eine Kontrollgruppe zu unterscheiden. Da die Trainings während der regulären Unterrichtszeit stattfanden, musste aus schulorganisatorischen Gründen eine komplette Klasse als Experimentalgruppe und eine andere als Kontrollgruppe dienen, es handelt sich damit um eine quasi-experimentelle Studie. Die Kontrollgruppe erhielt üblichen Unterricht in der Zeit, in der die Trainingsgruppen trainiert wurden. Die Kinder der Unterrichtskontrollgruppe wurden nach Abschluss der Untersuchung ebenfalls trainiert (aus ethischen Gründen darf einer „unbehandelten" Kontrollgruppe ein Vorteil einer angenommenen positiven Wirkung einer Maßnahme nicht vorenthalten werden).

Vor und nach dem Training (bzw. in der Kontrollgruppe vor und nach dem Unterricht) bearbeiteten die Kinder jeweils einen Intelligenztest. Die Hypothese lautete, dass die Trainingsgruppe deutlichere Zuwächse im Intelligenztest zu verzeichnen hat als die Kontrollgruppe, also besser abschneidet als die Kontrollgruppe. Zunächst zeigten sich die erhofften Effekte einer Steigerung der Intelligenztestleistungen durch das Training.

Die eigentliche Fragestellung ging aber noch weiter: Überprüft werden sollte zudem, inwiefern sogenannte Auffrischungssitzungen, also erneute Trainingsstunden, in denen das Denktraining aufgefrischt wurde, positive Effekte bringen. Um dies zu untersuchen, wurde sieben Monate nach dem ersten Training für einen Teil der Kinder aus der Trainingsgruppe eine kurze Wiederholung der Trainingselemente durchgeführt. Tatsächlich zeigte sich, dass die Kinder, die an der Auffrischungssitzung (Booster-Sitzung) teilnahmen, gegenüber den Kindern stärkere Zuwächse erzielten, die das reine Denktraining ohne spätere Auffrischung erhielten oder den Kindern, die zur Kontrollgruppe gehörten. Die Überlegenheit der Kinder aus der Gruppe mit der Auffrischungssitzung konnte auch weitere fünf Monate später in einer erneuten Intelligenzmessung bestätigt werden. Tabelle 1 zeigt die Ergebnisse in den Tests für die ersten drei Messzeitpunkte.

Tabelle 1: Mittelwerte und Standardabweichungen im Intelligenztest der Booster-Gruppe, der Trainingsgruppe und der Kontrollgruppe für drei Messzeitpunkte

	t1	t2	t3
booster + Training $\underline{N} = 37$	19.6 (4.7)	26.1 (3.6)	29.8 (3.5)
Training $\underline{N} = 35$	21.7 (5.0)	27.2 (4.0)	26.3 (4.7)
Wartekontrollgruppe $\underline{N} = 17$	20.7 (4.6)	22.7 (4.8)	21.2 (3.5)

Fehlerquellen bei Quasi-Experimenten
Obwohl quasi-experimentelle Untersuchungen im Vergleich zu Experimenten Vorteile bezüglich ihrer Realisierbarkeit und ihrer externen Validität aufweisen, existieren weitere Fehlerquellen bei diesen Studien. Nach Cook und Campbell (1979) kann man die folgenden Aspekte unterscheiden (aus Klauer, 2001):

Die erste Fehlerquelle ist der kompensatorische Ausgleich des Treatments. Dieses Phänomen liegt vor, wenn im Beispiel aus Kasten 8 zu den Effekten von Denktrainings auf die Leistung eine Kontrollklasse sich viel Mühe gibt und z. B. zusätzlichen Nachhilfeunterricht nimmt, um ihre Leistung trotz fehlender Intervention zu steigern.

Zweitens und andererseits kann aus einem Gefühl der Benachteiligung auch eine negative Reaktion der Kontrollgruppe entstehen, wenn sich die Mitglieder der Kontrollgruppe aus einer Art Trotz heraus in der Abschlusstestung überhaupt nicht anstrengen. Dies führt zu einer Unterschätzung ihrer Leistungen, kann jedoch ebenfalls darauf zurückzuführen sein, dass die Kontrollgruppe keinen Sinn darin sieht, sich beim wiederholten Ausfüllen eines bestimmten Tests anzustrengen.

3.4 Nicht-experimentelle Studien (Feldstudien)

Bei allen Vorteilen, die experimentelle und quasi-experimentelle Studien haben, existieren in der empirischen Bildungsforschung und bei der Evaluation schulischer Maßnahmen viele Fragestellungen, die mit anderen Forschungsstrategien beantwortet werden müssen. Hierzu zählen Fragen nach der Entwicklung von Geschlechtsdifferenzen bei schulischen Leistungen, nach den Auswirkungen des sozialen Hintergrunds auf die Übergangschancen in ein Gymnasium, oder auch internationale Schulleistungsstudien. Bei solchen Fragestellungen helfen Experimente nicht weiter, weil die entscheidenden Variablen nicht manipulierbar sind und oft natürliche Veränderungen über die Zeit hinweg beobachtet werden müssen. Will man etwa der Frage nachgehen, ob das Gymnasium sich im Vergleich zu den anderen Schulformen förderlich auf die Entwicklung von Kindern auswirkt, ist es unmöglich, Schülerinnen und Schüler am Ende der Grundschule per Zufall auf die verschiedenen Schulformen zu verteilen. Eine Randomisierung ist also nicht möglich und man hat es bei jeder Analyse der Lernentwicklung von Schülerinnen und Schülern mit Selektionseffekten zu tun. Das heißt, wenn Gymnasiasten mehr lernen als Schülerinnen und Schüler anderer Schulformen, kann das auch immer an Störvariablen liegen, wie etwa an unterschiedlichen Bildungsanstrengungen im familiären Bereich. So sind beispielsweise die Vorkenntnisse im Rechnen der Kinder, die auf ein Gymnasium kommen, in aller Regel höher als die der Kinder, die auf die Hauptschule eingeschult werden. Diese (und viele andere) Unterschiede gilt es natürlich zu berücksichtigen, wenn man die Lernzuwächse in unterschiedlichen Schulformen fair miteinander vergleichen will.

3.5 Korrelationsstudien

Im Feld werden sehr oft Korrelationsstudien durchgeführt. Verschiedene Variablen werden dabei ohne Manipulation durch den Untersuchungsleiter in der natürlichen schulischen Umwelt erhoben. Dabei werden verschiedene Variablen, deren Zusammenhänge interessieren, zu einem Zeitpunkt erfasst. Die quantitativen Zusammenhänge zwischen zwei Variablen, die man bei einem solchen Vorgehen erhält, nennt man Korrelationen (s. Kasten 9).

Korrelationsstudien

Kasten 9
Korrelation
Ein Korrelationskoeffizient r ist ein quantitatives Maß dafür, wie eng zwei Variablen miteinander zusammenhängen. Der Korrelationskoeffizient kann Werte zwischen -1 und +1 annehmen. Positive Korrelationen zweier Variablen bedeuten, dass eine höhere Ausprägung von Variable A mit einer höheren Ausprägung von Variable B einhergeht (z. B. Intelligenz und Schulnoten); ein negatives Vorzeichen bedeutet, dass Variable B umso niedriger ausgeprägt ist, je höher der Wert für Variable A ist (z. B. Fehlzeiten von Lehrern und Arbeitszufriedenheit).

Ein prominentes Beispiel für eine Korrelationsstudie ist die PISA-Studie, das Programme for International Student Assessment (vgl. Deutsches PISA-Konsortium, 2001). Kernziel von PISA ist es, alle drei Jahre Informationen zu erheben, welche Kompetenzniveaus in den Bereichen Lesen, Mathematik und den Naturwissenschaften im internationalen Vergleich erreicht werden. Neben Leistungstests werden mithilfe von Fragebögen viele weitere Variablen über das Schulsystem, die Schulleitungen, die Lehrkräfte, die Eltern sowie die Schülerinnen und Schüler erhoben. Die so ermittelten Zusammenhänge zwischen den Variablen bilden die Grundlage zur Ableitung von Hypothesen, worin die Ursachen für die internationalen Leistungsunterschiede zu sehen sind. Zieht man in Betracht, was oben über die interne Validität gesagt wurde, sind solche Aussagen natürlich mit Vorsicht zu genießen. Die Grenzen solcher Studien liegen eben darin, dass sie begründete Ursache-Wirkungs Aussagen eigentlich nicht erlauben (dafür wären experimentelle Studien oder zumindest Längsschnittstudien (s. u.) geeigneter). Allerdings liefern Studien wie die PISA-Studie auf korrelativer Basis wichtige Informationen über Bedingungen der Leistungsentwicklung von Schülerinnen und Schülern im internationalen und nationalen Schulvergleich.

Eine deutlich kleinere korrelative Studie ist die in Kasten 10 beschriebene LISA-Studie aus Schleswig-Holstein.

Kasten 10
Ein Beispiel für eine Korrelationsstudie: Lesen in der Sekundarstufe
In der Studie Lesen in der Sekundarstufe (LISA) soll die Entwicklung der Lesemotivation und der Lesekompetenz längsschnittlich vom Beginn der fünften Klasse an untersucht werden. Dabei wurde im Herbst 2004 eine für das Bundesland Schleswig-Holstein repräsentative Stichprobe von Fünftklässlern untersucht (s. zur Stichprobenziehung Kasten 12). Zu diesem Zeitpunkt liegen also Querschnittsdaten vor, auf die sich hier bezogen wird.

In LISA wurden neben Lesetests viele weitere Variablen mithilfe von Schüler-, Eltern- und Lehrerfragebögen erfasst. Tabelle 2 zeigt eine Matrix aus Korrelationskoeffizienten einzelner Variablen für die Gesamtstichprobe.

Tabelle 2: Korrelationen in der LISA-Studie (N = 1244)

	03	06	07	08
03. Bildungsniveau der Eltern				
06. Lesemenge Schüler	.20***			
07. Leseselbstkonzept	.21***	.28***		
08. Leselust	.20***	.60***	.35***	
11. Leseleistung	.28***	.23***	.31***	.27***

* $p < .05$; ** $p < .01$; *** $p < .001$

Zunächst einmal fällt an der Korrelationstabelle auf, dass wegen der großen Stichprobe auch eigentlich kleine Zusammenhänge statistisch bedeutsam werden. Für eine Interpretation der Korrelationen sollte also auch auf die jeweilige Höhe geachtet werden. Besonders eng hängen die beiden Aspekte der Lesemotivation zusammen, interessant sind aber vor allem die Zusammenhänge der Leseleistung mit den anderen Variablen. Diese korreliert moderat mit dem Bildungsniveau der Eltern (.28), der Leselust (.27) und der Lesemenge der Schüler (.23). Erst längsschnittliche Analysen geben aber Aufschluss darüber, wie die Ursache-Wirkungs-Beziehungen zu interpretieren sind, ob also eher die Leseleistung die Leselust beeinflusst oder umgekehrt die Leselust die Leseleistung (s. Kasten 11).

Ein generelles Problem korrelativer Studien besteht in der Unsicherheit bei der Interpretation. Spricht die Korrelation bzw. der Zusammenhang zwischen zwei Variablen A und B dafür, dass A einen Einfluss auf B nimmt? Ist die Wirkrichtung möglicherweise genau entgegengesetzt und B übt einen Einfluss auf A aus? Oder ist die Korrelation zwischen beiden Merkmalen nur darauf zurückzuführen, dass A und B gleichermaßen von einer Drittvariabeln C beeinflusst werden? Diese Fragen können von Korrelationsstudien nicht beantwortet werden, der Korrelationskoeffizient bleibt mehrdeutig. Die folgenden Forschungsstrategien versuchen dieses Problem in den Griff zu bekommen.

3.6 Längsschnittstudien

Von besonderer Relevanz für die empirische Bildungsforschung sind Entwicklungsverläufe. Um solche Verläufe untersuchen zu können, ist es bei vielen Fragestellungen notwendig, Längsschnittstudien durchzuführen. Zu diesem Zweck werden die interessierenden Variablen bei denselben Personen mehrmalig erhoben. Die Variablen sollten im Idealfall zu allen Erhebungszeitpunkten durch die gleichen Verfahren (etwa Fragebögen) erfasst werden. Mindestvoraussetzung zur Darstellung von Entwicklungsverläufen ist jedoch, dass die relevanten Merkmale über die gesamte Studie hinweg auf derselben Skala abgebildet werden können. So werden etwa in LISA klassenstufenspezifische Lesetests verwendet. Einzelne Testbestandteile wurden als sogenannte Ankeritems sowohl zum ersten als auch zum zweiten Messzeitpunkt vorgegeben. Anhand dieser gemeinsamen Aufgaben kann man dann mithilfe bestimmter statistischer Methoden für die Leseleistungen eine gemeinsame Skala konstruieren, d. h., dass verschiedene Lesetests direkt miteinander vergleichbar sind.

Oftmals sollen mit längsschnittlichen Untersuchungen Ursache-Wirkungs-Zusammenhänge zwischen zwei Variablen geprüft werden. Grundlage hierfür ist die Annahme, dass aufgrund der zeitlichen Anordnung der Merkmale vorsichtige kausale Interpretationen von Zusammenhängen möglich sind. Diese werden dann mithilfe von Korrelationen dargestellt. Wenn z. B. das lesebezogene Selbstkonzept, also das Selbstvertrauen von Schülern hinsichtlich ihrer Fähigkeiten im Bereich Lesen in Klasse 5 erfasst wird und in Klasse 6 die Leseleistung, so ergibt es wenig Sinn, das Selbstkonzept auf die ein Schuljahr später erhaltene Leseleistung zurückzuführen. Plausibler ist eine Selbstkonzept-Leistungs-Beziehung. Generell gilt es aber bei kausalen Interpretationen Zurückhaltung walten zu lassen, da streng genommen auch andere Variablen (Störvariablen) für die Veränderungen verantwortlich sein können (siehe Kapitel Experimente).

Es gibt aber eine Variante von Untersuchungsplänen, die ein etabliertes Verfahren zur Analyse kausaler Zusammenhänge von längsschnittlich erfassten Merkmalen darstellt. Beim sogenannten Cross-lagged Panel Design (Campbell, 1963; Cook & Campbell, 1976) werden die interessierenden Merkmale (z. B. Leseleistung und Leseselbstkonzept) im Zeitverlauf wiederholt erfasst. Diese wechselseitigen Beziehungen werden hierbei mithilfe der weiter unten präsentierten Pfadanalysen festgestellt (s. Kasten 21).

Kritik an Längsschnittuntersuchungen
Entwicklungsverläufe komplexer Variablen wie beispielsweise der Schulleistung werden von verschiedenen Faktoren beeinflusst. Welche Faktoren eine Rolle spielen und in welchem Ausmaß sie sich auf die Entwicklung der Variablen auswirken, ist allerdings schwer genau festzustellen. Auch in Längsschnittstudien sind alternative Erklärungen möglich.

Beispielsweise kann es immer auch epochale Effekte geben, die für Scheinzusammenhänge zwischen Variablen sorgen. So könnte beispielsweise das Rauchverbot in öffentlichen Einrichtungen eine Wirkung auf den Zigarettenkonsum haben. Würde man eine Längsschnittuntersuchung zum Zusammenhang zwischen Lebensalter und Zigarettenkonsum durchführen und feststellen, dass mit steigendem Lebensalter der Zigarettenkonsum abnimmt, ohne zu bedenken, dass während des Längsschnitts das Rauchverbot gesetzlich verankert wurde, würde man irrtümlich das Alter und nicht die Gesetzgebung als Ursache betrachten. Interessiert man sich aber für Alterseffekte, muss man versuchen, sie von solchen epochalen oder anderen zeitlich parallel auftretenden Effekten zu trennen.

Man kann beispielsweise Längsschnittstudien mit zusätzlichen Querschnittstudien kombinieren, zwei Längsschnitte mit unterschiedlichen Altersgruppen durchführen oder zu unterschiedlichen Zeitpunkten starten. Man ermöglicht dann eine gewisse Kontrolle epochaler Einflüsse, da Alters- und Epocheneffekte zumindest teilweise unterschieden werden können (vgl. Bortz & Döring, 2002).

Längsschnittstudien haben ein weiteres Problem. Bei längeren Untersuchungszeiträumen werden Stichprobenausfälle wahrscheinlich. Verschiedene Gründe führen zu diesem Effekt, z. B. mangelndes Interesse weiter an der Studie teilzunehmen oder ein berufsbedingter Umzug. In Schulen sorgen manchmal auch das Sitzenbleiben einzelner Schülerinnen oder Schüler und/ oder ein Schulwechsel für Ausfälle. In der LISA-Studie sank die Zahl der befragten Schülerinnen und Schüler von 1244 zum ersten Messzeitpunkt

Anfang der fünften Klasse auf 1136 Schülerinnen und Schüler zum Ende der sechsten Klasse. Problematisch wirkt sich auf die Ergebnisse aus, dass diese Ausfälle häufig nicht zufällig sind und daher die Stichprobe verzerren. Durch Sitzenbleiben verliert man vor allem schwächere Schülerinnen und Schüler. Auch der Ausfall von ganzen Klassen, deren Lehrkräfte die Rückmeldungen über die Leistungsentwicklung fürchten, kann selektiv sein.

In Längsschnittstudien muss darauf geachtet werden, dass die Vergleichbarkeit der Messinstrumente im Entwicklungsverlauf gewährleistet ist. So erfordert ein Englisch-Vokabeltest in der fünften Klasse durchaus eine Lernleistung, während der gleiche Test in der zehnten Klasse eine Routineaufgabe darstellt. Auch Übungseffekte müssen beachtet werden, da die wiederholte Merkmalserfassung mithilfe derselben Verfahren allein durch die Wiederholung eine verbesserte Leistung bewirken kann.

Zusammenfassung
Gegenstand dieses Kapitels war eine Einführung in quantitativ ausgerichtete Forschungsansätze, wie sie häufig in der empirischen Bildungsforschung Anwendung finden. Experimentelle Ansätze mit oftmals hoher interner Validität wurden dabei nicht-experimentellen Strategien mit hoher externer Validität gegenübergestellt, wobei deutlich geworden sein sollte, dass es primär die inhaltlichen Fragestellungen sind, die über das Design einer Studie entscheiden sollten. Dementsprechend ist nicht der eine oder andere Ansatz per se besser, vielmehr zeigt sich die Güte der Anlage einer Studie daran, ob sie in der Lage ist, die aufgeworfenen Forschungsfragen adäquat zu beantworten.

4 Daten erheben und Leistungen diagnostizieren

In diesem Abschnitt werden zunächst Probleme der Stichprobenziehung vorgestellt, anschließend werden die Fragebogenmethode und objektive Leistungstests als Verfahren der Datenerhebung behandelt. Ein besonderes Verfahren der Leistungsmessung ist schließlich das Lehrerurteil, dessen Qualität hier anhand der Gütekriterien aus der Testtheorie diskutiert wird.

Im Rahmen der dargestellten Forschungsstrategien können mit unterschiedlichen Methoden Daten gesammelt werden. Die Entscheidung, welches Datenerhebungsverfahren genutzt werden soll, hängt davon ab, welche Informationen gesammelt werden sollen und unter welchen Bedingungen die Datenerhebung durchgeführt werden kann. Ist man an persönlichen Meinungen, Gedanken oder Gefühlen interessiert, sind Fragebogenverfahren geeignet. Sie sind ökonomisch einsetzbar und auswertbar und weniger aufdringlich als beispielsweise Verhaltensbeobachtungen.

In der empirischen Bildungsforschung und in Evaluationsverfahren werden oft Fragebögen eingesetzt, die in schriftlicher Form nach Interessen, Meinungen und psychischen Zuständen wie Belastungen einer Person fragen: Wie fühlen sich beispielsweise Schülerinnen und Schüler vor und nach Prüfungen? Wie schätzen Lehrer die Fähigkeiten ihrer Schüler ein?

Mit Fragebögen wie auch mit Leistungstests lassen sich vergleichsweise ökonomisch auch größere Mengen von Daten erheben, die dann meist mit Statistikprogrammen und Computerunterstützung ausgewertet werden. Mit diesen beiden Methoden der Datenerhebung bewegt man sich im Bereich der quantitativen empirischen Forschung. Verfahren, die eher der qualitativen Richtung zuzuschreiben sind, wie Interviews und Gruppendiskussionen, werden hier nicht weiter behandelt.

4.1 Stichprobe

Empirische Untersuchungen werden in der Regel in Stichproben durchgeführt. Angestrebt wird, von den auf Stichprobenbasis gewonnenen Erkenntnissen auf die Situation in der gesamten Population zu schließen. Dieser Schluss ist umso eher zulässig, je größer die Stichprobe ist und je besser die Stichprobe die Zielpopulation repräsentiert. In der empirischen Bildungsforschung sind sehr häufig Merkmale wie das Alter, das Geschlecht, die so-

Stichprobe

ziale und ethnische Herkunft für die Repräsentativität und damit für die Auswahl der Stichprobe entscheidend.

Plant man eine wissenschaftliche Untersuchung oder eine Evaluationsstudie, muss man sich also die Frage nach der geeigneten Stichprobe stellen. Im Idealfall kann man in Totalerhebungen die so genannte Grundgesamtheit erfassen, das sind alle Personen, für die eine Aussage getroffen werden soll. Letzteres geschieht etwa in kleineren Schul- oder Selbstevaluationen, in denen das gesamte Kollegium einen Fragebogen zur Arbeitszufriedenheit ausfüllen könnte. Aber auch in großen Leistungsstudien werden manchmal Kompletterhebungen durchgeführt, wie in der Hamburger Lernausgangslagenuntersuchung LAU (Lehmann & Peek, 1997), in der alle Hamburger Schülerinnen und Schüler des fünften Jahrgangs untersucht wurden und sich diese Vollerhebung dann alle zwei Jahre in den folgenden Jahrgängen wiederholte. Meistens aber muss (und kann) man sich mit kleineren Stichproben zufrieden geben.

Solche Stichproben können zufällig gezogen werden (Zufallsstichprobe aus der Menge der in Frage kommenden Personen), sie können aber auch nach bestimmten theoretischen Gesichtspunkten gewählt werden.

Zieht man eine Zufallsstichprobe, kann man mit zu bestimmender Wahrscheinlichkeit davon ausgehen, dass alle Merkmale in der Stichprobe so verteilt sind wie in der Population, aus der die Stichprobe gezogen wurde. Dies gilt umso mehr, je größer die Stichprobe ausfällt. Jede Person aus der Grundgesamtheit muss mit gleicher Wahrscheinlichkeit in die Zufallsstichprobe aufgenommen werden können. Beispielsweise geht man so vor, dass aus den Einwohnerlisten von Kommunen per Zufall eine gewisse Zahl von Personen in die Untersuchung aufgenommen werden soll. Zufallsstichproben sind auch bei der Überprüfung der Wirksamkeit neuer Unterrichtsprogramme in einer Klassenstufe günstig, wenn nicht alle Schülerinnen und Schüler einer Klassenstufe an der Wirksamkeitsuntersuchung teilnehmen können.

Will man beispielsweise im Rahmen einer Schulevaluation die Zufriedenheit der Mädchen und Jungen erfassen und miteinander vergleichen, sollte man zunächst prüfen, ob nicht die gesamte Schülerschaft befragt werden kann. Erscheint der Aufwand zu groß, sollte pro Klasse eine bestimmte Anzahl der Schülerinnen und Schüler dem Zufall nach ausgewählt werden. Dabei ist natürlich zu bedenken, dass die Basisraten (das Verhältnis) von Jungen und Mädchen in der Schule sich in der Stichprobe wiederfinden sollten. Auch bei zufälliger Stichprobenziehung können also theoretische Überlegungen einbezogen werden, die den Zufall sinnvoll ‚steuern'. Kasten 11 beschreibt kurz, wie in der LISA-Studie die Stichprobe gezogen wurde.

Daten erheben und Leistungen diagnostizieren

Kasten 11
Stichprobenziehung in der LISA-Studie
Ziel der Stichprobenziehung war es, eine für Schleswig-Holstein repräsentative Stichprobe von Schulklassen des fünften Jahrgangs in die Untersuchung aufzunehmen. Da Schulformunterschiede berücksichtigt werden sollten, wurde zunächst die Basisrate der Schulen der einzelnen Schularten unter Berücksichtigung der Verteilung auf ländliche und städtische Gegenden ermittelt. Nach diesen Vorgaben wurden dann die Schulen zufällig gezogen. In einem zweiten Schritt wurden dann die Klassen aus diesen Schulen zufällig gezogen, d. h. es wurde per Los bestimmt, welche der fünften Klassen an der Untersuchung teilnehmen soll. Insgesamt nahmen so an der Studie N = 1455 Schülerinnen und Schüler (50.6 % Mädchen) aus 60 fünften Schulklassen der weiterführenden Schularten Haupt-, Real-, Gesamtschule und Gymnasium teil. Das Durchschnittsalter betrug 10.87 Jahre (SD = 0.56).

4.2 Fragebögen

Fragebögen sind standardisierte Instrumente zur schriftlichen Erhebung von Daten. Sie sind besonders ökonomisch einsetzbar (etwa im Vergleich zu Interviews) und bieten damit die Möglichkeit, viele Personen zu vielen Aspekten ihres Lebens und Erlebens zu befragen. Fragebögen setzen oft bereits recht viel Wissen über den Gegenstand (das Thema) der Befragung voraus. Der typische Fragebogen beinhaltet neben den Fragen bereits die Antwortkategorien, womit die möglichen Antworten (anders als im Interview) recht präzise vorgegeben sind. Aus dem Wissen des Untersuchers wird hier also ein Instrument konstruiert, mit dem schriftliche Äußerungen über Gefühle, Einstellungen, Einschätzungen, über gezeigtes Verhalten usw. festgehalten werden sollen. Oft werden Fragebögen dann vorgegeben, wenn es nicht um konkret beobachtbare Verhaltensweisen geht, sondern um so genannte latente Merkmale, die aus den schriftlichen Äußerungen im Fragebogen erschlossen werden. Ein Beispiel für ein solches latentes Merkmal ist etwa die Lesemotivation. Man kann sie nicht direkt beobachten sondern nur indirekt über Verhaltensbeobachtungen oder Befragungen erschließen. Zunächst stellt man also Überlegungen an, woraus sich die Lesemotivation zusammensetzt, anschließend werden Fragen gesammelt, die geeignet erscheinen, die Merkmale der Lesemotivation abzudecken. In Kasten 12 wird die Entwicklung des Fragebogens zur Lesemotivation dargestellt, den wir in der LISA-Studie verwendet haben.

Kasten 12
Fragebogen zur habituellen Lesemotivation (FHLM)
Die Leseforschung befasst sich vornehmlich mit dem Fähigkeitsaspekt des Lesens, ob dieser nun Leseverständnis, Reading Literacy oder Lesekompetenz genannt wird. Wie Watkins und Coffey (2004) betonen, bedarf es allerdings zweierlei Voraussetzungen, damit Kinder und Jugendliche zu guten Lesern werden: „They must possess both the skill and the will to read." (S. 110)

Bei der Erfassung der habituellen oder gewohnheitsmäßigen Lesemotivation sollten die Erwartungskomponente, also das Leseselbstkonzept („Bin ich ein guter Leser?") und die Wertkomponente („Lese ich gern?") berücksichtigt werden.

Habituell lesemotivierte Personen zeichnen sich also dadurch aus, dass sie mit der Tätigkeit des Lesens an sich positive Anreize verbinden und/oder wegen ihrer vielen und starken Interessen häufig gerne lesen. Der tätigkeitsspezifische Faktor soll hier als „Leselust" bezeichnet werden, der gegenstandsspezifische Faktor als „Lesen aus Interesse". Neben diesen Faktoren gibt es einen extrinsischen Aspekt der Wertkomponente des Lesens. Extrinsisch motiviert wäre das Lesen etwa, wenn es instrumentell eingesetzt wird, beispielsweise um in der Schule besser zu sein als andere.

Die vier Faktoren, die in einer Faktorenanalyse (s. Kasten 19) gefunden wurden, sind in Tabelle 3 kursiv gedruckt. Die Items des Fragebogens zur Lesemotivation lauten (vorgegeben mit dem Antwortformat 1 = stimmt gar nicht; 2 = stimmt eher nicht; 3 = stimmt eher; 4 = stimmt genau):

Tabelle 3: Der Fragebogen zur habituellen Lesemotivation: Faktoren und Items

Leselust
Lesen gehört nicht gerade zu meinen Lieblingsbeschäftigungen.
Wenn ich genügend Zeit hätte, würde ich noch mehr lesen.
Es macht mir Spaß, Bücher zu lesen.

Ich finde Lesen interessant.
Ich lese gerne zu Hause.
Leseinteresse
Wenn der Lehrer im Unterricht etwas Interessantes bespricht, kann es gut sein, dass ich mehr darüber lese.
Ich lese, um Neues über Themen zu erfahren, die mich interessieren.
Ich lese gerne etwas über neue Dinge.
Es ist mir sehr wichtig, gut lesen zu können.
Ich bin überzeugt, dass ich beim Lesen eine Menge lernen kann.
Lesen ist wichtig, um Dinge richtig zu verstehen.
Wettbewerb
Wenn wir im Unterricht lesen, versuche ich, besser zu sein als die anderen.
Ich bin gerne vor den anderen fertig, wenn wir einen Text im Unterricht lesen.
Ich strenge mich an, um besser zu lesen als die anderen.
Ich bin gern der Beste im Lesen.
Leseselbstkonzept
Ich habe manchmal Schwierigkeiten, einen Text wirklich gut zu verstehen.
Ich kenne oft nicht alle Wörter, wenn ich einen Text lese.
Ich kann Texte sehr gut und schnell verstehen.
Ich muss vieles erst mehrmals lesen, bevor ich es richtig verstanden habe.

Wie man am Beispiel des Fragebogens zur Lesemotivation sieht, ist es durchaus nicht trivial, einen guten Fragebogen zu entwickeln.

Fragebögen

Bevor man selbst also daran geht, einen Fragebogen zu entwickeln, sollte man sich informieren, ob es bereits bewährte Fragebögen und Skalen zu dem Phänomen gibt, welches man untersuchen will. Existieren solche Fragebögen oder Skalen zu einzelnen Themen, kann man sie bei den einschlägigen Verlagen erwerben.

Zur Konstruktion von Fragen
Fragen können auf unterschiedliche Inhalte ausgerichtet sein:
> Fakten (z. B.: Wie alt sind Sie? Wie lange arbeiten Sie an dieser Schule?)
> Wissen (z. B.: Wie haben bundesdeutsche Schüler in der PISA-Studie abgeschnitten?)
> Motive (z. B.: Warum sind Sie Lehrer geworden?)
> Meinungen (z. B.: Was halten Sie von Ganztagsschulen?)
> Gefühle (z. B.: Macht es Ihnen Spaß, Lehrer zu sein?)
> Verhalten (z. B.: Wie viel Zeit investieren Sie durchschnittlich in die Unterrichtsvorbereitung pro Woche?)

Natürlich sollten Fragen stets eindeutig sein, sich also auch nur auf einen Inhalt beziehen. Fragen wie „Ich bereite mich gründlich auf meinen Unterricht vor, weil ich einen guten Unterricht machen möchte" (richtig/falsch) sind nicht eindeutig, da sie sowohl nach einer Tatsache (Ich bereite mich gründlich auf meinen Unterricht vor) als auch nach dem zugehörigen Motiv fragen (weil ich einen guten Unterricht machen möchte). Fragen sollten möglichst einfach, konkret und eindeutig formuliert sein. Suggestivfragen (z. B.: „Meinen Sie nicht auch, ...?") sollten natürlich ebenso vermieden werden wie doppelte Verneinungen (z. B.: „Ich bin dagegen, dass unsere Schule keine Ganztagsschule wird.").

Risiken der Fragebogenverfahren
Fragebogenverfahren bergen prinzipiell das Risiko verfälschter Antworten. Einerseits ist es so, dass nur die Befragten selbst über präzise Informationen verfügen, gerade wenn es um ihre eigenen emotionalen und kognitiven Zustände geht. Allerdings kann man sich fragen, ob Personen nicht manchmal auch von Fragebögen überfordert sind, also beispielsweise um eine Meinung gebeten werden, die sie ohne den Fragebogen nie entwickelt hätten. Fragt man Lehrkräfte danach, warum sie in einer bestimmten Unterrichtssituation in bestimmter Weise gehandelt haben, fragt man sie also nach handlungsleitenden Gedanken, erzählen Befragte oft mehr als sie wissen. Sie entwickeln

manchmal erst durch die Nachfrage auch für routinierte Handlungsabläufe Theorien und berichten, wie es nach ihrer Auffassung aufgrund dieser Theorien gewesen sein müsste und nicht, wie es sich tatsächlich im Handlungsverlauf abgespielt hat. Lehrer etwa reagieren im Unterricht mit Routinen auf wiederkehrende Situationen. Werden sie dann anhand von Unterrichtsvideos befragt, warum sie so und nicht anders gehandelt haben, treten (unwillentlich) rechtfertigende Funktionen hinzu.

Andererseits sind auch Fragebögen, in denen es um Meinungen und Einstellungen geht, gegen Verzerrungen der Antworten nicht immun. Zu den wesentlichen Antworttendenzen zählen

› die Tendenz, sozial erwünscht zu antworten, also „einen guten Eindruck" machen zu wollen;
› die Tendenz, Fragen zuzustimmen (Ja-Sage-Tendenz);
› die Tendenz zur Mitte, also die Neigung, bei mehreren Antwortalternativen die mittlere zwischen den extremen Möglichkeiten zu wählen.

Manchen dieser Tendenzen kann man durch eine entsprechende Konstruktion der Fragebögen begegnen. Beispielsweise werden meist mehrere ähnliche Fragen zu einem Aspekt gestellt, wie beim Lesemotivationsfragebogen, in dem die einzelnen Faktoren mit 4 oder 5 Fragen ‚eingekreist' werden. Die Befragung wird dadurch zuverlässiger als wenn nur eine Frage zu einem Faktor gestellt würde.

Die Fragen oder Items eines Fragebogens können sehr unterschiedlich beschaffen sein. Sie können als Frage (z. B. „Wie begabt bist Du in Mathematik im Vergleich zu deinen Klassenkameraden?") oder als Aussage („Im Vergleich zu meinen Klassenkameraden bin ich in Mathematik einfach nicht so begabt.") formuliert sein.

Offene oder geschlossene Antwortkategorien
Eine wichtige Unterscheidung betrifft die Frage, ob eine Frage offen zu beantworten ist oder die Antwortkategorien bereits vorgegeben sind. Danach unterscheidet man offene von geschlossenen Antwortformaten. Oft wird eine Mischung aus offenen und geschlossenen Items benutzt. Geschlossene Items verwenden häufig graduell abgestufte Antwortkategorien. Bewährt haben sich vier bis sieben Kategorien (s. auch Kasten 13 und 14).

Kasten 13
Mögliche Antwortformate für geschlossene Fragen
Häufigkeit (z. B.: „Wie oft kommt es vor, dass Sie das Gefühl haben, Sie hätten sich besser auf eine Unterrichtsstunde vorbereiten sollen?")
nie – selten – gelegentlich – oft – immer
Intensität (z. B.: „Sind Sie mit der Motivation Ihrer Klasse zufrieden?")
gar nicht – kaum – mittelmäßig – ziemlich – außerordentlich
Wahrscheinlichkeit (z. B.: „Was glauben Sie: Sind Jungen in Mathematik besser als Mädchen?")
keinesfalls – wahrscheinlich nicht – vielleicht – ziemlich wahrscheinlich – ganz sicher
Bewertung (z. B.: „Meine Tätigkeit als Lehrer füllt mich aus.")
völlig falsch – ziemlich falsch — ziemlich richtig – völlig richtig

Kasten 14
Semantisches Differential
Eine Variante von Befragungen stellt das Semantische Differential dar. Dem Beurteiler wird eine Liste von Adjektiven präsentiert, die als entgegengesetzte Pole von Schätzskalen angeordnet sind. Die Person soll nun beurteilen, welchem Adjektiv sie sich eher zuordnet. Als Beispiel zeigt die Tabelle 4 einen Auszug aus einem Semantischen Differential, mit dem die Befindlichkeit von Lehrern nach dem Unterricht erfasst werden soll.

Tabelle 4: Semantisches Differential

"Geben Sie bitte anhand der folgenden Eigenschaften an, wie Sie sich im Augenblick fühlen."		
stark	3 – 2 – 1 – 0 – 1 – 2 – 3	schwach
tatendurstig	3 – 2 – 1 – 0 – 1 – 2 – 3	erschöpft
aktiv	3 – 2 – 1 – 0 – 1 – 2 – 3	passiv
müde	3 – 2 – 1 – 0 – 1 – 2 – 3	wach
angenehm	3 – 2 – 1 – 0 – 1 – 2 – 3	unangenehm
ruhig	3 – 2 – 1 – 0 – 1 – 2 – 3	erregt

4.3 Objektive Leistungstests

In vielen Studien der empirischen Bildungsforschung werden Indikatoren für die schulische Leistung benötigt. Manchmal genügt es dabei, die Noten von Schülern als Lehrerurteile zu erfragen, häufig benötigt man sogenannte objektive Leistungstests, die es erlauben, das fachliche Können von Schülern in einzelnen Domänen zu erfassen. Solche Tests werden beispielsweise den großen nationalen und internationalen Schulleistungsvergleichsstudien wie TIMSS oder PISA zugrunde gelegt oder werden bei der Überprüfung der Bildungsstandards eingesetzt. Um gute Leistungstests zu kreieren, sind umfangreiche Vorarbeiten nötig. Es muss frühzeitig geklärt werden, ob die Aufgaben eher curricular verankert sein sollen oder eher funktionalistischen Bildungskonzeptionen folgen, wie dies in PISA der Fall ist (s. Kasten 15).

Kasten 15
Der Kompetenzbegriff und die Aufgabenkonstruktion in PISA
Definition Lesekompetenz:
Geschriebene Texte zu verstehen, zu nutzen und über sie zu reflektieren, um eigene Ziele zu erreichen, das eigene Wissen und Potenzial weiterzuentwickeln und am gesellschaftlichen Leben teilzunehmen. Dazu ist die Bewältigung verschiedener Anforderungen nötig:
› Verschiedene Arten von Texten lesen: kontinuierliche und nicht-kontinuierliche Texte (z. B. Tabellen).
› Verschiedene Arten von Leseaufgaben ausführen, etwa bestimmte Informationen heraussuchen, eine Interpretation entwickeln oder über den Inhalt oder die Form eines Textes reflektieren.
› Texte lesen, die für verschiedene Situationen geschrieben wurden, z. B. für persönliche Interessen oder um Geräte bedienen zu können.
Ähnlich breit wird die mathematische Kompetenz definiert:
Die Rolle zu erkennen und zu verstehen, die die Mathematik in der Welt spielt, fundierte mathematische Urteile abzugeben und sich auf eine Weise mit der Mathematik zu befassen, die den Anforderungen des gegenwärtigen und zukünftigen Lebens einer Person als konstruktivem, engagiertem und reflektierendem Bürger entspricht.
Die Aufgabenentwicklung für die Leistungsmessung in PISA war extrem gründlich:
1) Internationale Expertengruppen erarbeiten ein domänenspezifisches (z. B. auf Lesen bezogenes) theoretisches Kompetenzmodell.
2) Internationale Testzentren konstruieren nach diesen Vorgaben Aufgaben, die zunächst an wenigen Schülern intensiv getestet werden.
3) In der ersten ausführlichen Testung bearbeiten viele Schüler aus den Teilnehmerländern die Aufgaben.
4) Mit Methoden der Testtheorie wird die Güte der Aufgaben ermittelt. Nur die Aufgaben gelangen in die eigentliche Untersuchung, die den Gütekriterien genügen.

Man sieht hier, dass das Verständnis von Lesekompetenz und von mathematischer Kompetenz über das hinausgeht, was gemeinhin an Schulen unter diesen Begriffen verstanden und in Klassenarbeiten gemessen wird.

Wie bei Fragebogenverfahren gibt es auch bei Leistungstests offene und geschlossene Antwortformate, es können wie bei Multiple-choice-Aufgaben also Antwortalternativen vorgegeben sein oder die Schüler werden aufgefordert, offene Fragen zu beantworten und selbst Texte zu produzieren. Beide Alternativen sind gut zu begründen, auch wenn die Unterschiede in der diagnostischen Güte zwischen offenen und geschlossenen Antwortformaten eher gering sind. Allerdings gibt es Teilkompetenzen (z. B. Schreibkompetenzen in der Verkehrs- und Fremdsprache), die ein offenes Antwortformat erfordern.

Eine etwas andere Situation liegt natürlich vor, wenn innerschulisch Vergleichs- bzw. Parallelarbeiten in den Klassen einer Klassenstufe geschrieben werden sollen. Solche Leistungstests sollen den curricularen Anforderungen entsprechen und den in den einzelnen Klassen gerade behandelten Unterrichtsstoff abdecken. Neuerdings bilden hier allerdings die Bildungsstandards stärker als die Lehrpläne den Referenzrahmen.

Auch dabei muss natürlich darauf geachtet werden, dass die Vergleiche fair sind, d. h. dass unterschiedliche Eingangsvoraussetzungen der Schülerinnen und Schüler möglichst berücksichtigt werden. In den großen Leistungsvergleichsstudien geschieht dies beispielsweise, indem soziale Hintergrundvariablen und die kognitiven Grundfähigkeiten relativierend berücksichtigt werden.

4.4 Qualität von Lehrerurteilen

Diagnostik ist allgemein ein Arbeitsfeld, das sich mit der Beschaffung und Bewertung von Informationen befasst. Insofern kann man Lehrer auch als Diagnostiker betrachten. Die pädagogische Diagnostik bezieht sich auf Ausprägungen von Merkmalen von Schülerinnen und Schülern oder von pädagogischen Situationen. Schülermerkmale können beispielsweise die Schulleistung, aber auch die kognitiven Grundfähigkeiten, die Motivation oder die Konzentrationsfähigkeit sein. Als Merkmale der pädagogischen Situation können Unterrichtsformen, Erziehungsstile des Lehrers oder die Atmosphäre in der Klasse bewertet werden. Während etwa Untersuchungen der kognitiven Grundfähigkeiten unter standardisierten Bedingungen mit standardisierten Testverfahren stattfinden, sind Lehrkräfte im schulischen Alltag gezwungen, häufig Leistungsdiagnosen zu liefern, ohne sich auf solche gut eingeführten Verfahren verlassen zu können. Sie konstruieren stattdessen Klassenarbeiten, die es ihrer Einschätzung nach erlauben, den zuletzt behandelten Stoff angemessen zu prüfen und die Schülerleistungen über Noten festzustellen.

Die Notenvergabe wird immer wieder kritisiert, Lehrerurteile gelten als verzerrt. Solche Verzerrungen können ausgelöst werden durch
- Beobachtungsmängel
- Erinnerungsfehler
- Urteilstendenzen (Neigung zur Milde oder zur Strenge)
- Fehlerhafte Ursachenzuschreibungen
- Erwartungseffekte oder
- Sympathie/Antipathie.

Zudem ist in einigen Fächern die Einschätzung der Leistungen leichter (Sport, Mathematik) oder schwerer (Sprachen, Religionsunterricht). In Begriffen der Testtheorie ist die Frage entscheidend, ob Benotungen von Lehrern objektiv, reliabel und valide sind. Die Klärung der Bedeutung dieser Begriffe ist nicht nur für die schulische Leistungsdiagnostik bedeutsam, sondern auch im weiteren Text für Messinstrumente, die bei der Evaluation und in der empirischen Bildungsforschung angewendet werden.

Objektivität
Mit Objektivität ist gemeint, dass das Ergebnis eines Schülers in einer Klassenarbeit unabhängig vom Lehrer ist, dass also eine Klassenarbeit von verschiedenen Lehrern gleich benotet wird. In der Sprache der Testtheorie gilt ein Test als objektiv, wenn er hinsichtlich der Durchführung, der Auswertung und der Interpretation unabhängig vom jeweiligen Anwender ist, d. h. wenn andere Personen auf der Basis des eingesetzten Tests zu denselben Aussagen kommen würden. Es hat sich aber wiederholt gezeigt, dass die gleiche Klassenarbeit von verschiedenen Lehrkräften unterschiedlich benotet wird. Sogar dieselbe Lehrkraft kommt oftmals nicht zum selben Urteil, wenn sie dieselbe Arbeit einige Wochen später beurteilt. Wenn aber zwei oder mehr Lehrkräfte eine ganze Reihe von Klassenarbeiten beurteilen, so zeigt sich eine hohe Übereinstimmung im Ranking der Arbeiten, d. h. Lehrerinnen und Lehrer stimmen relativ gut in der Einschätzung überein, was bessere und was schwächere Arbeiten sind. Bessere Arbeiten werden generell besser bewertet, schlechtere Arbeiten schlechter. Das Problem der Notengebung liegt also weniger in der Rangreihung der Schülerleistungen innerhalb einer Klasse. Die grundlegende Schwäche von Noten ist eher ihre mangelnde Vergleichbarkeit zwischen Klassen, da Lehrkräfte oft einen klasseninternen Maßstab verwenden. Zwei Schüler aus unterschiedlichen Klassen mit objektiv gleichen Leistungen bekommen oft unterschiedliche Noten, je nachdem, ob sie in einer leistungsstarken oder einer leistungsschwachen Klasse sind (s. Kasten 16).

Kasten 16
Der Big-Fish-In-A-Little-Pond-Effekt

Der Big-Fish-In-A-Little-Pond-Effekt beschreibt das Phänomen, dass zwei Schüler mit identischen Leistungen unterschiedliche Noten erhalten und dann unterschiedliche Selbstkonzepte der eigenen Begabung entwickeln, wenn sie in zwei unterschiedlich leistungsstarken Klassen sind. Der Schüler in der leistungsstarken Klasse hat viele Mitschüler, die besser sind als er selbst, was dazu führt, dass er seine Fähigkeiten eher gering einschätzt. Der Schüler in der leistungsschwachen Klasse dagegen gehört zu den besseren unter seinen Mitschülern und schätzt sich selbst viel positiver ein. Er fühlt sich als Big Fish – auch wenn oder weil er nur in einem kleinen Teich schwimmt.

Reliabilität

Ein Test gilt als reliabel, wenn er das, was er misst, möglichst fehlerfrei misst. Dies ist dann gegeben, wenn – im Idealfall – dasselbe Testinstrument, zur selben Zeit wiederholt angewendet auf dieselben Personen, zu identischen Aussagen führt. Gut verdeutlichen kann man dies an der Längenmessung. Während ein Zollstock recht übereinstimmende Ergebnisse bei der wiederholten Messung etwa der Höhe einer Tür liefert, ist ein Gummiband dabei wenig hilfreich, selbst wenn es eine Zentimetermarkierung hätte. Wie aber steht es um die Reliabilität von Noten?

Im Grundschulbereich findet sich von Zeugnis zu Zeugnis eine recht hohe Stabilität der Noten (Bildungsforscher berichten von Korrelationen zwischen den Mathematiknoten in der dritten und vierten Klasse um 0,80). Selbst im Abstand von drei Jahren liegt die Korrelation noch in diesem Bereich. Nach der Definition der Reliabilität ist damit die Zuverlässigkeit von Noten gar nicht so niedrig. Man muss dies allerdings vorsichtig interpretieren, da die Reliabilität, wenn sie so wie hier über verschiedene Zeitpunkte gemessen wird, vor allem für stabile Merkmale ein adäquates Kriterium ist. Zu solch hohen Korrelationen zwischen Noten über die Jahre tragen natürlich auch Erwartungseffekte in der Beurteilung durch die Lehrerinnen und Lehrer bei: Schülerinnen und Schüler, die einmal für ‚gut' gehalten werden, werden auch ein Jahr später eher positiv bewertet, auch wenn sich die tatsächliche Leistung vielleicht verschlechtert hat.

Im Sekundarbereich ist die Korrelation zwischen den Noten in aufeinander folgenden Jahren üblicherweise etwas niedriger. Dazu kommt, dass sich die Noten im Laufe der Grundschulzeit etwas verschlechtern.

Ähnlich wie bei den Noten lässt sich auch bei allen anderen Messinstrumenten die Reliabilität ermitteln. Man kann sich vorstellen, dass diese bei Interviews beispielsweise geringer ist als bei Evaluationen mit Fragebögen und Leistungstests. Eine der Voraussetzungen der hohen Reliabilität ist die Objektivität. Eine Messung, die nicht objektiv ist, kann auch nicht reliabel sein.

Validität
Ein Test gilt als valide, wenn er das, was er messen soll, auch tatsächlich misst. Die Validität ist beispielsweise gegeben, wenn die Aufgaben eines Tests selbst die zu messende Eigenschaft definieren. Wenn ein Lehrer die Fähigkeit seiner Klasse in der Beherrschung der Prozentrechnung messen will, ist es ein valider Test, wenn die Klassenarbeit aus Aufgaben besteht, die genau solche Prozentrechnungen verlangen. Man nennt dies die Augenscheinvalidität oder Inhaltsvalidität, die Messung erfasst augenscheinlich, was gemessen werden soll. Anders ist dies, wenn man etwa die kognitiven Grundfähigkeiten eines Menschen mit Prozentaufgaben messen wollte. Eine solche Messung wäre vielleicht objektiv möglich und auch einigermaßen reliabel. Das gemessene Merkmal wäre aber eben nicht die Intelligenz, die Validität des Tests wäre niedrig. Die Intelligenz sollte nicht mit Aufgaben gemessen werden, deren Lösung dann viel leichter fällt, wenn sie gerade in der Schule behandelt wurden. Allerdings gibt es schon eine gewisse Korrelation zwischen Ergebnissen in Tests zu den kognitiven Grundfähigkeiten und Schulnoten: Diese Korrelation liegt um $r = 0.50$. Auch Noten vieler Fächer hängen miteinander zusammen, sie korrelieren ebenfalls in einer Größenordnung von $r = 0.50$. Dies ist durchaus ein Hinweis auf die Validität von Tests zu kognitiven Grundfähigkeiten, da es plausibel ist anzunehmen, dass die kognitiven Prozesse, die zur Bearbeitung dieser Aufgaben notwendig sind, wie beispielsweise logisches Denken, sich auch günstig auf die Bewältigung von Klassenarbeiten auswirken.

4.5 Noten als Prädiktor von Studien- und Berufserfolg

Eine wesentliche Funktion von Schulnoten ist in unserer Gesellschaft, dass sie den Zugang zu weiteren Bildungsmöglichkeiten regeln. So dient die Schulleistung in der Grundschule als Indikator für die geeignete Schulform in der Sekundarstufe. Nach dem Notendurchschnitt im Abitur werden Studienplätze für zulassungsbeschränkte Fächer vergeben. Ein solches Vorgehen ist natürlich besonders dann zu rechtfertigen, wenn Noten eine gute Vorhersage beispielsweise für den Studienerfolg darstellen. Man nennt dies die prognostische Validität von Noten.

Gesamt- oder Durchschnittsnoten gelten tatsächlich als die besten Prädiktoren für den Ausbildungs- und Studienerfolg. Beispielsweise liegen die Korrelationen zwischen der Abiturnote und Prüfungsleistungen im Studium in vielen Studien um $r = 0.40$. Diese Höhe ist sicher teilweise darin begründet, dass gute Noten in der Schule aus ähnlichen Gründen zustande kommen wie gute Noten im Studium und der Berufsausbildung. Man benötigt intellektuelle Kompetenz, Motivation und Ausdauer sowie gute Lernstrategien. Hier wird deutlich, dass Noten multikriterial sind, d. h. neben erbrachten schriftlichen und mündlichen Leistungen gehen zum Beispiel in Zeugnisnoten auch das Interesse der Schüler, ihr Unterricht stützendes Verhalten (Disziplin und Mitarbeit) und Beurteilungstendenzen des einzelnen Lehrers ein. Übrigens weisen die oft geforderten Auswahlgespräche zur Vergabe von Studienplätzen kaum zusätzliche prognostische Validität auf.

Besonders interessant ist, dass keine Einzelnote aus einem der Kernfächer eine so hohe Prognosekraft hatte wie die Gesamtnote. Die höchste Einzelkorrelation ergab sich – nicht ganz unerwartet – für die Mathematiknote (um $r = 0.30$). Wie gesagt – Gründe für die insgesamt starken Zusammenhänge zwischen Noten und Studienleistungen rühren vermutlich daher, dass sich Schul- und Studienleistungen in ihren Anforderungen sehr ähneln. Aber auch für verschiedene Ausbildungsberufe ergaben sich positive Korrelationen um $r = 0.45$ zwischen den Schulnoten und den Ausbildungsleistungen in Berufen wie Rechtspfleger, Schweißer oder Laboranten.

Die Zusammenhänge mit den Leistungen in den praktischen Prüfungen sind meistens geringer. In den meisten Studien konnte wiederum keine Einzelnote die Ausbildungsleistungen besser vorhersagen als die Durchschnittsnote. Generell hat auf Einzelnotenbasis die Mathematiknote (ca. $r = 0.30$) auch hier die höchste prognostische Kraft. Auch außerhalb von Prüfungen haben Noten eine gewisse, wenn auch eine niedrigere prognostische Relevanz. Nach US-amerikanischen Studien korrelieren Vorgesetztenurteile zur Mitarbeiterleistung mit den Abschlussnoten um $r = 0.15$, mit den erreichten Gehältern um $r = 0.25$.

In Kasten 17 werden die Befunde zur prognostischen Validität von Noten noch einmal zusammengefasst.

Kasten 17
Fazit zur prognostischen Validität von Noten
› Abschlussnoten stellen die besten Prädiktoren für Studien- und Ausbildungserfolg dar.
› Es existieren kaum Testverfahren, die eine vergleichbare prognostische Kraft haben.
› Die Gesamtnote (Durchschnittsnote) sagt den Studien- oder Ausbildungserfolg besser vorher als jede Einzelnote.
› Die hohe prognostische Kraft der Gesamtnote rührt daher, dass Schul- und Studien- bzw. theoretische Ausbildungsleistungen vergleichsweise ähnlich sind.
› Dementsprechend sinkt die Prognosekraft bei Indikatoren praktischen Ausbildungserfolges.
› Hinsichtlich der Indikatoren beruflichen Erfolges ist die Prognosekraft von Noten deutlich geringer.

5 Auswertungsmethoden

5.1 Statistische Kennwerte und das Skalenniveau

Die Statistik dient der Datenauswertung, um die Beantwortung von wissenschaftlichen Hypothesen zu ermöglichen. Durch statistische Kennwerte wie den Mittelwert und die Standardabweichung werden die umfangreichen Datensätze aus Fragebögen in ihrer Komplexität reduziert und Informationen aus den unübersichtlichen Datenmassen gewonnen. Mithilfe bestimmter Kennwerte werden diese ‚verdichteten' Informationen dargestellt. Dabei verliert man Information und gewinnt (hoffentlich) Übersicht. Mittels Grafiken lassen sich die verdichteten Informationen veranschaulichen.

5.1.1 Skalenniveau
Daten liegen auf unterschiedlichen Skalenniveaus vor. Zu unterscheiden sind Daten, die nur klassifizieren, Daten, die eine Rangfolge ermöglichen, Daten, die in gleichen Intervallbreiten abgetragen werden können und Daten, die exakt Verhältnisse abbilden. Das Skalenniveau spielt bei der Auswahl geeigneter statistischer Kennwerte eine erhebliche Rolle. Es gibt an, wie informativ Daten sind, und legt fest, welche statistische Auswertung sinnvoll und zulässig ist. In der Statistik wird immer ein möglichst hohes Skalenniveau angestrebt, da ein höheres Niveau auch mehr statistische Verfahren erlaubt.

Nominalskala
Bei einer Nominalskala unterscheiden sich die Antwortmöglichkeiten nur qualitativ, d. h. die Nominalskala setzt nur Gleichheit oder Ungleichheit, jedoch keine Rangfolge der Merkmale voraus. Wenn beispielsweise eine Variable wie das Geschlecht der Schüler in einem Fragebogen erfragt wurde, kann wahlweise männlich oder weiblich den Zahlen 1 oder 2 zugeordnet werden. Der Wahrheitsgehalt dieser Zuordnung würde sich auch nicht ändern, würde man die Zahlen 3 und 17 oder -1 und 9 wählen. Wichtig ist nur, dass mit diesen Werten keine statistischen Operationen durchgeführt werden, die es voraussetzen, dass beispielsweise eine Rangordnung besteht. Man ahnt bereits, dass die Berechnung von Mittelwerten hier wenig Sinn macht. Auch ist „Frau sein" nicht doppelt so viel wie „Mann sein" usw. Man könnte auch bei nicht-numerischen Abbildungen bleiben wie M (für Mann) und F (für Frau), dann käme man vermutlich nicht auf die Idee, hier komplexe mathematische Veränderungen vorzunehmen. Als Auswertungsstrategien kom-

men bei Nominaldaten Häufigkeitsauswertungen in Frage (absolute/relative Häufigkeiten, Modalwert).

Ordinalskala
Bei Ordinalskalen stehen die Ausprägungen eines Merkmals in geordneter Beziehung zueinander und lassen sich daher sinnvoll anordnen. Die Anordnung sagt nur etwas über die Rangordnung aus (z. B. besser oder schlechter; größer oder kleiner), nicht aber über die Breite des Abstandes zwischen den Ausprägungen (z. B. doppelt so gut).

Beispielsweise kann man Schulabschlüsse in der Rangfolge ordnen: ohne Abschluss, Hauptschule, Realschule, Abitur; oder Dienstränge (Studienrat, Oberstudienrat, Oberstudiendirektor). Auch hier bleiben dem Statistiker im Wesentlichen Häufigkeitsauswertungen (absolute und/oder relative Häufigkeiten). Die Rangfolge der Abschlüsse bliebe erhalten, wenn man die Zahlen vergibt: ohne Abschluss = 1, Hauptschule = 2, Realschule = 3, Abitur = 4. Man könnte aber mit gleicher Berechtigung ohne Abschluss = 1, Hauptschule = 4, Realschule = 5, Abitur = 9 vergeben. Entscheidend ist auch hier, dass die Zahlen keine Verhältnisse zueinander ausdrücken und beispielsweise Mittelwerte nicht sinnvoll berechnet werden können (da die Benennung mit Ziffern willkürlich ist mit Ausnahme der Rangordnung).

Quantitative Skalen (Intervall- und Verhältnisskalen)
Für viele komplexe statistische Verfahren sind quantitative Skalen Voraussetzung. Die Skalenwerte können hier bezüglich ihrer Differenzen oder Summen verglichen werden. Zudem liegen zwischen allen benachbarten Skalenpunkten gleiche Abstände. Festgelegt ist beispielsweise die Größe der Maßeinheit, also der Abstand zwischen den Messwerten. Beispiele sind das Alter in Jahren, die Körpergröße in Zentimetern oder auch die Abstufungen einer Antwortskala in einem Fragebogen zur Lesemotivation. In letzterem Fall kann man natürlich auch darüber streiten, ob man wirklich immer von gleichen Abständen ausgehen kann. Variiert etwa das Antwortformat zwischen 1 = stimmt gar nicht; 2 = stimmt eher nicht; 3 = stimmt eher; und 4 = stimmt genau, betrachtet man diese Daten als quantitative Skala, wenn man annimmt, dass beispielsweise zwischen 1 und 2 ein gleicher Abstand besteht wie zwischen 3 und 4. Tatsächlich setzen viele Studien in der Empirischen Bildungsforschung diese Skalenqualität voraus. Ob das immer sinnvoll ist, soll hier nicht diskutiert werden.

Schon die Berechnung des Mittelwerts setzt voraus, dass die Abstände zwischen den Skalenpunkten identisch sind. Führt man sich das Beispiel des Numerus clausus vor Augen, wird deutlich, wie fragwürdig und zugleich

Auswertungsmethoden

wie nützlich die Annahme eines quantitativen Skalenniveaus ist. Noten sind streng genommen nicht intervallskaliert, sondern drücken eher eine Rangfolge aus. So ist der Abstand zwischen zwei Noten nicht immer gleich. Gewöhnlich wird die Diskrepanz zwischen einer 4 und einer 5 größer sein als die zwischen einer 3 und einer 4. Damit ist eigentlich die Bildung eines Notenmittels wie im Numerus clausus eine nicht erlaubte Skalentransformation. Allerdings wissen wir aus der empirischen Bildungsforschung, dass dieser Numerus clausus gar nicht so schlechte Dienste leistet, wenn man Studienleistungen vorhersagen will.

Die Annahme des quantitativen Skalenniveaus lässt also sehr viel Spielraum zur Berechnung statistischer Kennwerte. Man kann natürlich immer noch absolute und relative Häufigkeiten, den Modalwert und auch den Median berechnen. Was hinzukommt, ist, dass die wichtigen statistischen Kennwerte wie das arithmetische Mittel (der sogenannte Mittelwert) und alle komplexeren Berechnungen, die auf Mittelwerten beruhen, gestattet sind.

Ein Anwendungsbeispiel soll einzelne statistische Kennwerte veranschaulichen. Nach der Korrektur einer Deutscharbeit in einer Klasse mit 27 Schülern ergibt sich folgender Klassenspiegel:

Tabelle 5: Fiktiver Klassenspiegel: Klasse 1

Note	1	2	3	4	5	6
Anzahl der Schüler	4	6	8	6	3	0

Modalwert
Hier kann man den Modalwert berechnen. Er ist der Wert, der am häufigsten vorkommt.

Im oben genannten Beispiel ist der Modalwert die 3, da keine andere Note bei mehr als 8 Schülern vergeben wurde.

Median: Der Median ist der mittlere Wert der geordneten Daten, also der Wert, unter und über dem genau die Hälfte der verbleibenden Fälle liegt. Ist die Anzahl der Daten gerade, nimmt man den Mittelwert der mittleren beiden Werte als Median.

Werden die Daten aus dem Beispiel geordnet, so ergibt sich diese Datenreihe: 1, 1, 1, 1, 2, 2, 2, 2, 2, 2, 3, 3, 3, 3, 3, 3, 3, 3, 4, 4, 4, 4, 4, 4, 5, 5, 5. Da die Anzahl der Daten ungerade ist (n = 27), ist der Median der mittlere, also der 14. Wert in der Datenreihe. Der Median beträgt daher 3.

Statistische Kennwerte

5.1.2 Häufigkeitsberechnungen und grafische Darstellung

Bei nominalen und ordinalen Daten bietet sich nur die Häufigkeitsauswertung als statistisches Verfahren an. Hierbei wird angegeben, wie oft eine Merkmalsausprägung, z. B. eine bestimmte Note, vorkommt.

Absolute Häufigkeiten: Für unser Beispiel mit dem Klassenspiegel würde dies beispielsweise bedeuten, dass 6 Schüler eine 2 hatten.

Relative Häufigkeiten

Die Häufigkeit eines Merkmals kann aber auch an der Größe der Stichprobe relativiert werden, da 6 von 27 Schülern einen wesentlich größeren Anteil, d. h. 22 %, darstellen als 6 von 10 Schülern (60 %).

Grafische Darstellung

Sowohl die absoluten als auch die relativen Häufigkeiten kann man grafisch darstellen, um den Inhalt visuell deutlich zu machen. Die größten oder kleinsten Häufigkeiten fallen dabei sofort ins Auge.

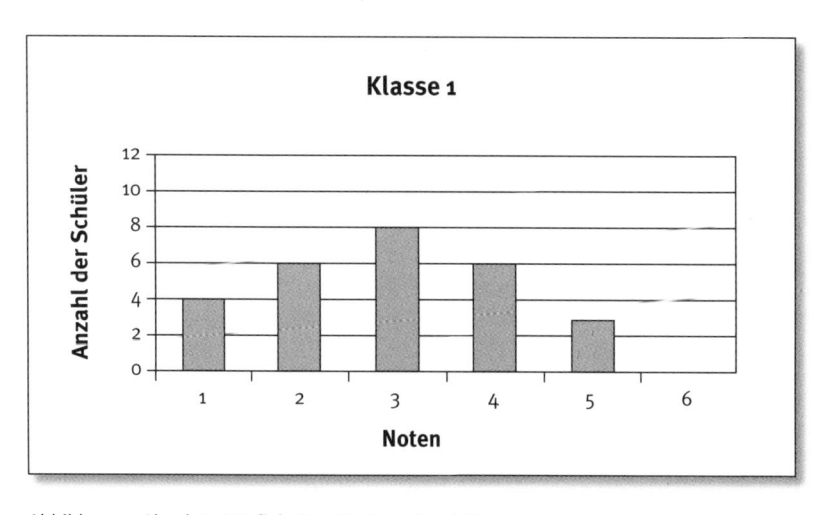

Abbildung 2: Absolute Häufigkeiten: Notenspiegel Klasse 1

5.1.3 Mittelwert und Standardabweichung
Mittelwert

Der Mittelwert oder das arithmetische Mittel ist der durchschnittliche Wert einer gemessenen Variablen. Er wird berechnet, indem alle Daten addiert werden und dann durch ihre Anzahl n geteilt werden.

Auswertungsmethoden

Das arithmetische Mittel aus dem Notenbeispiel wird aus dem Quotienten der Summe der Noten (= 79) und der Anzahl der Schüler (n = 27) ermittelt. Somit lautet der Notendurchschnitt der Klasse 79/27 = 2.93.

Vor allem in kleinen Stichproben sind Mittelwerte sehr anfällig für Extremwerte, d. h. ein sehr hoher oder niedriger Wert im Datensatz verändert den Mittelwert relativ stark. Zudem können gleichen Mittelwerten ganz unterschiedliche Verteilungen von Werten zugrunde liegen. Der Effekt der Ausreißerwerte wird im Beispiel deutlich: Wenn zwei Schüler statt einer 2 eine 6 schreiben, senkt sich der Klassenschnitt auf 3.22.

Des Weiteren ist die Aussage, dass zwei Klassen gleich gut sind, wenn beide einen Mittelwert von 2.93 aufweisen, nicht ganz richtig. Genau dieser Mittelwert kann auch auftreten, wenn die Notenverteilung folgendermaßen aussieht:

Tabelle 6: Fiktiver Klassenspiegel: Klasse 2

Note	1	2	3	4	5	6
Anzahl der Schüler	12	0	1	1	12	0

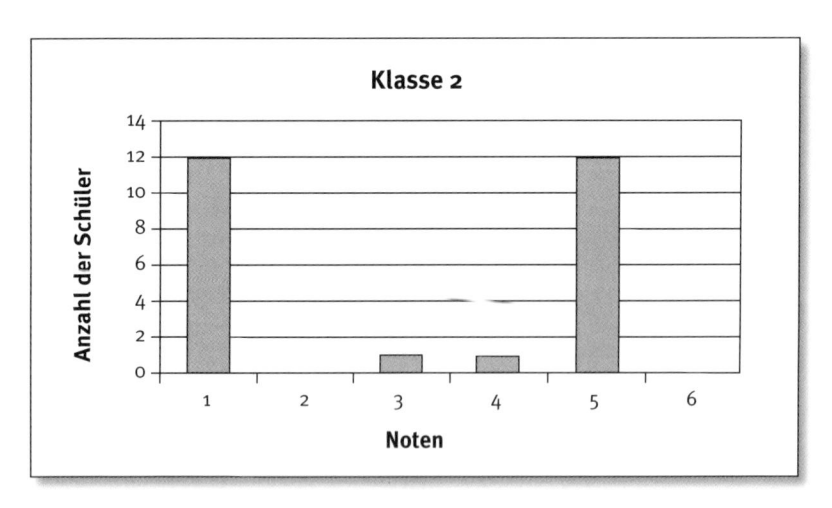

Abbildung 3: Absolute Häufigkeiten: Notenspiegel Klasse 2

Statistische Kennwerte

Während beim ursprünglichen Beispiel eher eine symmetrische Verteilung von 1 bis 5 mit einem Modalwert und Median bei 3 vorlag, sind in dieser Klasse anscheinend zwei ganz unterschiedliche Gruppen von Schülerinnen und Schülern vertreten. Eine Gruppe schreibt sehr gute Arbeiten und eine andere Gruppe sehr schlechte, im Mittel jedoch weisen beide Klassen den gleichen Wert auf. Der Mittelwert beschreibt eigentlich nur den ersten Fall angemessen. Zur Beschreibung der zweiten Klasse sollte man eher die beiden häufig vorkommenden Noten darstellen.

Standardabweichung
Um die Aussage des Mittelwertes eindeutiger zu machen bzw. Vergleiche zwischen Klassen zu ermöglichen, ist also eine zusätzliche Angabe über die Streuung der Daten günstig. Als Maß für die Streuung der Werte einer Stichprobe um den Mittelwert herum ist die Standardabweichung einer Variablen gebräuchlich. Dieses Streuungsmaß ist definiert als die Wurzel aus der Varianz. Die Varianz einer Variablen wiederum ist die mittlere quadrierte Abweichung der individuellen Werte der Variable von ihrem Mittelwert. Je weiter die einzelnen Werte vom Mittelwert entfernt liegen, desto größer wird die Varianz. In den Beispielen müsste dann also die Klasse mit den beiden extremen Schülergruppen eine höhere Varianz aufweisen als die Klasse mit den gleichmäßiger verteilten Werten. Übrigens verwendet man meist eher die Standardabweichung als die Varianz, da sie in derselben Einheit wie die ursprünglichen Daten und wie der Mittelwert der Skala ausgedrückt werden kann. Die Streuungsmaße machen somit eine Aussage darüber, wie gut der Mittelwert die Gesamtheit der Daten repräsentiert.

Um die Standardabweichung zu berechnen, müssen zunächst die Abstände der Noten vom Mittelwert ermittelt werden.

Tabelle 7: Fiktiver Klassenspiegel: Niedrige Varianz in Klasse 1

Note	1	2	3	4	5	6
Abstand vom Mittelwert	1,93	0,93	0,07	1,07	2,07	3,07
Anzahl der Schüler	4	6	8	6	3	0

Anschließend werden sie quadriert und mit der Anzahl der Schüler je Note gewichtet, dann addiert, im Beispiel
$(1,93^2 \times 4) + (0,93^2 \times 6) + (0,07^2 \times 8) + (1,07^2 \times 6) + (2,07^2 \times 3)$.

Auswertungsmethoden

Das Ergebnis beträgt dann geteilt durch die Anzahl der Schüler 1,48 (Varianz), daraus die Quadratwurzel 1,22 (Standardabweichung). In der zweiten Klasse dagegen liegen die Varianz mit 3,48 und die Standardabweichung mit 1,87 deutlich höher und spiegeln die Dominanz zweier extremer Noten wider. Die Streuungsmaße werden in wissenschaftlichen Arbeiten meist zusätzlich zu den Mittelwerten angegeben, damit die Datenlage transparenter wird. Zudem ist die Streuung der Daten wichtig, wenn Signifikanztests durchgeführt werden.

Tabelle 8: Fiktiver Klassenspiegel: Hohe Varianz

Note	1	2	3	4	5	6
Abstand vom Mittelwert	1,93	0,93	0,07	1,07	2,07	3,07
Anzahl der Schüler	12	1	2	1	11	0

5.1.4 Signifikanztests

Zentral ist bei wissenschaftlichen Untersuchungen die Überprüfung von Hypothesen. Dabei wird, vereinfacht ausgedrückt, in der Regel so vorgegangen, dass ein Hypothesenpaar aufgestellt wird. Dieses Paar besteht aus der Alternativhypothese und der Nullhypothese. Die Alternativhypothese enthält innovative Aussagen, postuliert Effekte von Maßnahmen, nimmt Unterschiede an oder behauptet Zusammenhänge. Die Nullhypothese ist komplementär zur Alternativhypothese. Man ermittelt dann mit statistischen Verfahren die Wahrscheinlichkeit, unter der die in empirischen Untersuchungen aufgetretenen Daten mit der Nullhypothese vereinbar sind. Eine Alternativhypothese könnte sich beispielsweise auf die Wirkung eines Motivationstrainings auf die Lernleistung von Schülern beziehen und lauten: „Das Motivationstraining hat einen positiven Effekt auf die Leistungen der Schüler." Die komplementäre Nullhypothese würde lauten: „Das Training hat keinen positiven Effekt auf die Leistungen der Schüler." Sofern aber in empirischen Studien Vorteile zugunsten dieses Trainings auftreten, sind diese zufällig bedingt. Aufgrund der erhobenen Daten wird dann entschieden, ob die Nullhypothese beibehalten wird. Ist ihre Gültigkeit aufgrund der Datenlage sehr unwahrscheinlich, so erfolgt die Entscheidung für die Alternativhypothese. Diese Zusammenhänge werden auch später im Abschnitt Datenauswertung noch einmal und dann ausführlicher behandelt.

Wie schon erwähnt, dient die empirische Forschung der Beschreibung, Erklärung und Vorhersage von Ereignissen. Aus theoretischen Überlegungen

Statistische Kennwerte

heraus werden konkrete Fragestellungen abgeleitet, die durch geeignete Messinstrumente untersuchbar gemacht werden – man nennt diesen Vorgang Operationalisierung. Die mit diesen Messinstrumenten erhobenen Daten liefern Anhaltspunkte darüber, in welche Richtung die abgeleitete Fragestellung zu beantworten ist. Die Frage ist: Kann die aufgestellte Behauptung bestätigt werden oder muss sie als falsifiziert gelten und zurückgewiesen werden? Jede Entscheidung, auf der Grundlage erhobener Daten die Hypothese zurückzuweisen oder zu akzeptieren, beinhaltet ein gewisses Risiko. Es ist das Risiko, fälschlich eine Hypothese zu akzeptieren, obwohl sie eigentlich hätte zurückgewiesen werden müssen oder das Risiko, eine Hypothese zurückzuweisen, obwohl sie ‚eigentlich' doch zutrifft. Der erste Fehler, eine Alternativhypothese zu akzeptieren, obwohl sie nicht zutrifft, ist der Fehler erster Art oder alpha-(α)-Fehler. Der zweite Fehler, eine Alternativhypothese fälschlicherweise zurückzuweisen, obwohl sie mit der Realität übereinstimmt, nennt sich Fehler zweiter Art oder beta-(β)-Fehler. Tabelle 9 veranschaulicht das Auftreten von α- und β-Fehler in der empirischen Forschung.

Zwischen zwei rivalisierenden statistischen Hypothesen, der Nullhypothese (H_0) und der Alternativhypothese (H_1), soll mittels der Kontrolle von α und β entschieden werden. α wird als (bedingte) Wahrscheinlichkeit bezeichnet, dass H_1 angenommen wird, obgleich H_0 richtig wäre. β hingegen ist die (bedingte) Wahrscheinlichkeit, H_0 beizubehalten, obwohl H_1 richtig ist. 1-β (auch oft Power bzw. Macht eines Tests genannt) ist die Wahrscheinlichkeit, H_1 anzunehmen, wenn H_1 richtig ist. In Tabelle 9 sind diese Fehlerwahrscheinlichkeiten – wiederum in einem Vierfelderschema – abgetragen.

Tabelle 9: Wahrscheinlichkeiten für richtige und falsche Entscheidungen über die mit einem Signifikanztest gegeneinander getesteten Null- und Alternativhypothesen (H_0 und H_1)

Entscheidung für	Wahrer Sachverhalt	
	H_0 trifft zu	H_1 trifft zu
H_0 trifft zu	1-α	β
H_1 trifft zu	α	1-β

Genau dieselben Fehler können bei der Datenanalyse unterlaufen. Es stellt sich also die Frage, wie man α- und β-Fehler vermeidet bzw. ihre Wahrscheinlichkeit reduziert.

Auswertungsmethoden

Um den α-Fehler zu kontrollieren, verwendet man in der schließenden Statistik das Signifikanzniveau. Es gibt an, wie groß die Wahrscheinlichkeit ist, die Nullhypothese zurückzuweisen und die Alternativhypothese anzunehmen, obwohl in Wahrheit die Nullhypothese hätte beibehalten werden sollen. Wenn man beispielsweise untersuchen will, ob jemand die Fähigkeit besitzt, vorherzusagen, ob eine Münze auf die Adler- oder die Zahlseite fällt, dann würde die Nullhypothese lauten, dass die Person diese unwahrscheinliche Fähigkeit nicht beherrscht. Würde die Person in 7 von 10 Würfen die richtige Entscheidung treffen, müsste ich dann die Nullhypothese zurückweisen? Wie wäre dies bei 8 oder 9 Treffern? Solche Fragen kann man nur beantworten, wenn das tatsächliche Ereignis (7 Treffer) mit einer theoretischen Wahrscheinlichkeitsverteilung verglichen wird. Dies wäre in diesem Fall die Binominalverteilung (weil es nur zwei mögliche Ausgänge gibt). Erhielte man bei dieser Person 7 richtige Vorhersagen, würde man der entsprechenden Tabelle (beispielsweise im Lehrbuch von Bortz, 2005) entnehmen können, dass bei einer Basiswahrscheinlichkeit für einen Treffer von 0,5 mindestens 9 Treffer nötig wären, um von einer überzufällig hohen Trefferquote auszugehen. 7 Treffer sind also kein hinreichendes Argument, um die Nullhypothese zurückzuweisen, dass die Person nicht über die behauptete Fähigkeit verfügt. Jedenfalls dann nicht, wenn man das in der Wissenschaft übliche Signifikanzniveau von 5 % Irrtumswahrscheinlichkeit anlegt. Erst wenn 9 von 10 Vorhersagen richtig sind, würde das Signifikanzniveau unterboten und man müsste die Trefferzahl für nicht ganz zufällig halten. Dann wäre man natürlich immer noch nicht von der hellseherischen Fähigkeit der Person überzeugt, man müsste überlegen, ob 5 % Irrtumswahrscheinlichkeit hier ausreichend sind. Einem ‚Hellseher' entsprechende Fähigkeiten zuzusprechen, sollte vielleicht doch erst geschehen, wenn in ungefähr 99 von 100 Münzwürfen die Vorhersage richtig wäre. (Dann läge die Irrtumswahrscheinlichkeit allerdings nur noch unwesentlich über 0.)

An letzterem Beispiel sieht man schon, dass es sehr von der gestellten Frage abhängt, welche Irrtumswahrscheinlichkeit man wählen sollte. Man sollte immer die Konsequenzen möglicher Fehlentscheidungen bedenken.

Der α-Fehler wird vom Untersucher also selbst festgelegt, den β-Fehler zu bestimmen, ist wesentlich schwieriger. Logischerweise hängen aber beide Fehler zusammen. Verringert man das α-Fehler-Risiko, ist man also sehr vorsichtig und will keinen falschen Alarm riskieren, wird quasi automatisch die Gefahr größer, dass man einen wirklichen Effekt (oder Hellseher) übersieht. Verlangt man, dass ein Hellseher in allen 100 Würfen das richtige Ergebnis vorhersagt, nimmt man ein höheres β-Fehler-Risiko in Kauf. Damit geht man das Risiko ein, dass der Hellseher, der zwar nicht perfekt ist, aber doch

Statistische Kennwerte

überzufällig häufig Recht hat, keine Anerkennung erfährt. Umgekehrt gilt natürlich auch, dass man das β-Fehler-Risiko reduziert, wenn man bei der Irrtumswahrscheinlichkeit nicht so streng ist und ein hohes α-Fehler-Risiko zu tragen bereit ist.

In empirischen Untersuchungen gilt, dass sehr kleine Stichproben es sehr erschweren, die Nullhypothese zurückzuweisen. Damit steigt das β-Fehler-Risiko. Umgekehrt gilt, dass sehr große Stichproben wie etwa in der PISA-Studie auch kleinste Zusammenhänge statistisch signifikant werden lassen. Um abschätzen zu können, ob Effekte dennoch praktisch bedeutsam sind, ist es günstig, zusätzlich zum Signifikanzniveau die sogenannte Effektstärke heranzuziehen.

Effektstärke

Ob eine Differenz zwischen Experimental- und Kontrollgruppe oder ob ein Korrelationskoeffizient statistisch signifikant wird, hängt nicht nur vom gewählten Signifikanzniveau und der Stichprobengröße ab. Bei sehr großen Stichproben werden auch sehr kleine Unterschiede oder Zusammenhänge noch statistisch signifikant. Eine signifikante Differenz zwischen Gruppen muss also noch auf ihre praktische Relevanz hin geprüft werden. Daher sollte man sich nicht von signifikanten Zusammenhängen in großen Studien blenden lassen, wenn nicht auch die Effektstärkenmaße angegeben sind. Solche Maße relativieren etwa die Mittelwertsunterschiede zwischen Experimental- und Kontrollgruppe an deren Standardabweichung. Man kann dann sehen, wie groß die Effekte in Einheiten der Standardabweichung sind. Ein Effekt in Höhe von 0,5 Standardabweichungen gilt schon als mittelgroßer Effekt (s. Bortz & Döring, 2002).

Varianzanalyse

Die Varianzanalyse ist ein statistisches Verfahren, mit dem Mittelwertsunterschiede auf Signifikanz getestet werden können. Beispielsweise können Daten aus dem typischen Design eines Experiments mit mindestens zwei Gruppen (UV1), der Experimentalgruppe (mit Intervention/Training) und der Kontrollgruppe (ohne Intervention/ohne Training), zu mindestens zwei Messzeitpunkten (UV2), also vor der Intervention und nach der Intervention, bestehen. Ein solches zweifaktorielles Untersuchungsdesign zeigt Tabelle 10. In die Zellen werden die Mittelwerte der jeweiligen Gruppe eingetragen. In Tabelle 10 sieht man bereits, dass weder die Werte zwischen den beiden Gruppen noch die Werte der Messzeitpunkte sich unterscheiden. Hier liegt kein Einfluss der beiden UVs vor.

Tabelle 10: Experimenteller Versuchsplan; in den Zellen stehen Mittelwerte für den Fall, dass beide unabhängigen Variablen keinen Einfluss auf die abhängige Variable haben

	Vorher (t1)	Nachher (t2)
Experimentalgruppe	50	50
Kontrollgruppe	50	50

Das geeignete statistische Verfahren für die Auswertung bei einem solchen Design stellt die Varianzanalyse dar. Überprüft werden soll, ob sich die Experimentalgruppe in bedeutsamer Weise von der Kontrollgruppe unterscheidet. Aufgrund dieses Designs wird bei der Varianzanalyse das Vorhandensein verschiedener Effekte überprüft:

Der Haupteffekt der UV1 wird Zeilenhaupteffekt genannt, weil die in der Zeile stehenden Stufen der UV1 (Experimentalgruppe und Kontrollgruppe) summiert über beide Messzeitpunkte unterschiedliche Mittelwerte aufweisen sollten. Dieser Effekt würde beispielsweise bedeuten, dass die Experimentalgruppe über beide Zeitpunkte im Mittel deutlich bessere Leistungen (70 +70) aufweist als die Kontrollgruppe (50+50). Tabelle 11 veranschaulicht ein solches Datenmuster.

Tabelle 11: Experimenteller Versuchsplan mit Zeilenhaupteffekt

	Vorher (t1)	Nachher (t2)
Experimentalgruppe	70	70
Kontrollgruppe	50	50

Der Haupteffekt der UV2 wird Spaltenhaupteffekt genannt, weil die in den Spalten stehenden Stufen der UV1 (Experimentalgruppe und Kontrollgruppe) summiert über beide Messzeitpunkte unterschiedliche Mittelwerte aufweisen. Dieser Effekt würde bedeuten, dass die Leistungen über alle Personen zum Zeitpunkt t1 (50+50) schlechter sind als zum Zeitpunkt t2 (75 +75).

Statistische Kennwerte

Tabelle 12: Experimenteller Versuchsplan mit Spaltenhaupteffekt

	Vorher (t1)	Nachher (t2)
Experimentalgruppe	50	75
Kontrollgruppe	50	75

Der Interaktionseffekt (Wechselwirkungseffekt) beider Variablen schließlich würde bedeuten, dass die Veränderung der Leistungen von t1 zu t2 in der Experimentalgruppe deutlich größer ist als in der Kontrollgruppe. Wie in Tabelle 13 ersichtlich, wäre die Steigerung von t1 zu t2 in der Experimentalgruppe deutlich höher als in der Kontrollgruppe. Ein solcher Interaktionseffekt wäre vermutlich das Wunschergebnis der Forscher. Die Intervention hätte gewirkt.

Tabelle 13: Experimenteller Versuchsplan mit Interaktionseffekt

	Vorher (t1)	Nachher (t2)
Experimentalgruppe	50	75
Kontrollgruppe	50	55

Errechnet wird in der Varianzanalyse ein so genannter F-Wert, der ein Maß dafür ist, wie stark die beobachteten Unterschiede zwischen Personen auf den Einfluss der abhängigen Variable sind. Dazu wird, etwas vereinfacht ausgedrückt, die Streuung zwischen den Untersuchungsgruppen ins Verhältnis gesetzt zur Streuung innerhalb der Versuchsgruppen (letztere gibt Auskunft über Unterschiede, die nichts mit der Zugehörigkeit zu den unterschiedlichen Gruppen zu tun haben). Der F-Wert wird dann groß, wenn die Gruppenmittelwerte stark differieren, während sich innerhalb der Gruppen keine großen Schwankungen zeigen (die Gruppen für sich also sehr homogen sind). Je höher der F-Wert, desto geringer die Wahrscheinlichkeit, dass der Unterschied zwischen den Mittelwerten nur zufällig zustande gekommen ist. Auch für die Varianzanalyse gilt, dass bei sehr großen Stichproben selbst kleinste, ja triviale Differenzen zwischen Gruppen statistisch signifikant werden können. In Kasten 18 wird ein Beispiel einer Untersuchung präsentiert, die mit einer Varianzanalyse ausgewertet wurde.

Auswertungsmethoden

Kasten 18
Beispiel einer Varianzanalyse
Eine quantitative Analyse qualitativer Daten: Was denken Schüler und Studenten in dem Moment der Bekanntgabe ihrer Noten?
Mit den spontanen Äußerungen nach der Rückmeldung von Leistungen von Schülern und Studenten befassten sich zwei Untersuchungen von Möller und Köller (1999). Ziel war es herauszufinden, welche Gedanken Erfolge und Misserfolge in wichtigen Leistungssituationen in der Schule und der Universität auslösen. In der ersten Studie wurden N = 35 Studierende vor einer Statistik-Klausur gefragt, wie viele Punkte sie in dieser Klausur erwarten. Unmittelbar nachdem den Studierenden ihr Ergebnis in der Klausur (als Note) mitgeteilt wurde, wurden sie gebeten aufzuschreiben, welche Gedanken zu ihrem Ergebnis ihnen „durch den Kopf gehen". Mehrere trainierte Experten klassifizierten die Gedanken danach, ob sie Ursachenzuschreibungen darstellten oder nicht. Beispiele solcher Ursachenzuschreibungen wären etwa Äußerungen wie: „Für Statistik habe ich einfach keine Begabung", „Da habe ich aber Glück gehabt" usw. Zudem wurde pro Person die Anzahl evaluativer Gedanken erfasst, die eine rein emotionale Bewertung der Situation (Freude, Ärger, Stolz usw.) beinhalteten.

Tabelle 14: Häufigkeiten der Äußerungen (Mittelwerte und Standardabweichungen) für erfolgreiche und nicht erfolgreiche Studierende

	kausal	evaluativ
Erfolg	.42 (.73)	1.00 (.68)
Misserfolg	1.07 (.97)	.56 (.51)

Mit varianzanalytischen Verfahren wurde die Häufigkeit kausaler und evaluativer Gedanken verrechnet, je nachdem, ob die Studierenden besser oder schlechter abschnitten als sie selbst es erwartet hatten.
Die Ergebnisse besagen im Kern: Ist die Note besser als erwartet (Erfolg), treten besonders viele evaluative Kognitionen auf. Studierende, die schlechter als erwartet abschnitten, produzierten wie vorhergesagt deutlich mehr Ursachenzuschreibungen. Wir haben es hier mit einem Interaktionseffekt zu tun, die Zeilen- und Spaltenmitteleffekte unterscheiden sich nur wenig. Da-

gegen sind bei der Erfolgsbedingung die evaluativen Gedanken häufiger als die kausalen, während in der Misserfolgsbedingung die kausalen Gedanken häufiger sind als die evaluativen.

Korrelationskoeffizienten
Korrelationskoeffizienten, per Konvention mit dem Buchstaben r bezeichnet, sind in den Sozialwissenschaften statistische Kennwerte für den linearen Zusammenhang zwischen zwei Variablen. Korrelationskoeffizienten sind so standardisiert, dass sie zwischen -1 und +1 schwanken. Negative Koeffizienten weisen immer auf einen Zusammenhang der Form „je größer A desto kleiner B" hin, positive Werte auf einen Zusammenhang der Form „je größer A, desto größer auch B". Ein Wert von r = +1 oder r = -1 würde bedeuten, dass zwei Variablen sich perfekt entsprechen, die eine also durch eine lineare Transformation in die andere überführbar wäre. Ein (konstruiertes) Beispiel wäre die vollkommene Entsprechung von Körpergröße und Körpergewicht. Wäre die Korrelation zwischen beiden Maßen r = +1, wüsste man genau, wie viel jemand wiegt, der beispielsweise 1,86 m groß ist. Wir fänden einen perfekten linearen Zusammenhang zwischen beiden Maßen. Dass die Korrelation zwischen beiden Maßen nicht perfekt ist, wird bereits deutlich, wenn wir zwei Personen sehen, die zwar gleich groß sind, aber ganz unterschiedlich viel wiegen. Ein negativer Zusammenhang (der natürlich beileibe nicht perfekt ist) findet sich in der empirischen Forschung etwa zwischen der Prüfungsangst und der schulischen Leistung. Je höher die Prüfungsangst einer Person, desto niedriger ist ihre Schulleistung oder umgekehrt, je besser die schulischen Leistungen, desto niedriger ist die Prüfungsangst. Positive und negative Korrelationen nahe +1 oder -1 kommen in der empirischen Bildungsforschung kaum vor, die meisten Zusammenhänge sind deutlich geringer. So findet man in aller Regel positive Korrelationskoeffizienten zwischen schulischen Leistungen und den Selbsteinschätzungen der Schüler in vielen Schulfächern, die zwischen r = .40 und r = .60 schwanken.

Ist ein Korrelationskoeffizient r = 0, hängen zwei Variablen nicht linear miteinander zusammen, aus der Kenntnis des Wertes der einen Variable kann der Wert der anderen Variable in keiner Weise vorhergesagt werden. Korrelationen drücken übrigens nur Zusammenhänge aus, sie lassen keinerlei Schlüsse über Ursache-Wirkungs-Zusammenhänge zu. Wenn Prüfungsangst und Schulleistung negativ korreliert sind, kann es daran liegen, dass Angst zu schlechteren Leistungen führt, dass schlechtere Leistungen Angst auslösen oder dass dritte Variablen den Zusammenhang zwischen Angst und Schulleistung begründen. Dies könnte etwa der Fall sein, wenn Jugendliche mit mangelnden Sprachkenntnissen ängstlich auf Leistungssituationen rea-

Auswertungsmethoden

gieren und schlechte Schulleistungen bringen. In einem solchen Fall wären die mangelnden Sprachkenntnisse ursächlich für den Zusammenhang zwischen Prüfungsangst und Schulleistung.

Rost (2005) führt hierzu aus, dass ein Autor einer korrelativen Studie dann ansatzweise Kausalität aufzeigen kann, wenn zwei Merkmale A und B kovariieren, die Variable A der Variable B zeitlich vorgeordnet ist, und der Zusammenhang zwischen A und B nicht verschwindet, sobald eine Drittvariable C zusätzlich berücksichtigt wird. Der zeitlichen Vorordnung tragen Längsschnittstudien Rechnung.

Ist es somit unbestritten, dass Korrelationsstudien keine Kausalitätsannahmen stützen können, so kann eine Nullkorrelation zwischen zwei Merkmalen als klare Evidenz für das Fehlen einer Kausalitätsannahme interpretiert werden.

Faktorenanalyse

Die Faktorenanalyse ist ein statistisches Verfahren, mit dem man Datenmengen reduzieren kann. Oft geht es vereinfacht gesagt darum, Fragen aus einem Fragebogen zusammenzufassen und zu ordnen. Will man beispielsweise einen Fragebogen zur Lesemotivation der Schüler entwickeln, macht man sich Gedanken darüber, wie die Lesemotivation strukturiert sein könnte. Man liest viele wissenschaftliche Arbeiten zu einem Thema, studiert viele ähnliche Fragebogeninstrumente und entwickelt Vermutungen, welche Aspekte zur Lesemotivation beitragen. Man könnte sich etwa denken, dass Vertrauen in die eigene Lesekompetenz eine Rolle spielt. Zentral ist sicher der Spaß am Lesen, die sogenannte Leselust. Auch motivieren inhaltliche Interessen zum Lesen, das „Lesen aus Interesse". Zudem spielen extrinsische Motive eine Rolle. Zum Beispiel könnten Schüler lesen, weil sie der Lehrerin gefallen wollen oder weil sie etwas besser verstehen wollen als andere. Aus diesen konzeptionellen Überlegungen entwickelt der Untersucher dann Fragen, die diese einzelnen Komponenten der Lesemotivation abdecken könnten. Die Fragebögen werden dann einer nicht zu kleinen Stichprobe vorgelegt und ausgefüllt. Die Daten werden in ein Statistikprogramm eingegeben und mit der Faktorenanalyse ausgewertet.

Die Auswertung mit der Faktorenanalyse geschieht so, dass aus den Korrelationen zwischen den einzelnen Items so genannte Supervariablen (Rost, 2005) gebildet werden. Jede Supervariable (auch Faktor genannt) bündelt die Items, die gut zusammenpassen. Zudem sortiert die Faktorenanalyse die Items so, dass sich die einzelnen Supervariablen voneinander unterscheiden lassen. Die Faktorenanalyse liefert also eine gewisse Anzahl von Faktoren, die die Fragen zu jeweils einem Aspekt der Lesemotivation zusammenfassen. Wichtig ist, dass diese Zuordnung nicht mehr auf theoretischen Überlegungen beruht, sondern auf den vorgefundenen Korrelationen, die in den Daten der Schülerfragebögen stecken.

Im Beispiel des Fragebogens zur Lesemotivation (s. Kasten 12) etwa wurden genau die Items, die erfragen sollten, wie gut ein Schüler sich im Lesen einschätzt, zu einem Faktor Leseselbstkonzept zusammengefasst. Die Items „Ich kenne oft nicht alle Wörter, wenn ich einen Text lese" und „Ich kann Texte sehr gut und schnell verstehen" beispielsweise waren hoch korreliert und gehörten gemäß den Ergebnissen der Faktorenanalyse zu einem Faktor, der dann Leseselbstkonzept genannt wurde (s. Kasten 19).

Kasten 19
Faktorenanalyse des Fragebogens zur habituellen Lesemotivation (FHLM)
Der Fragebogen zur habituellen Lesemotivation wurde insgesamt an zwei Studien entwickelt. An Studie 1 nahmen N = 392 Schülerinnen und Schüler am Ende des vierten bzw. fünften Schuljahres mit dem durchschnittlichen Alter von 11.38 Jahren (SD = .89) aus verschiedenen Schulen (Grundschulen und weiterführenden Schularten) teil. Wenn man den Fragebogen aus Kasten 12 vorlegt und die Schülerdaten auswertet, kann man die Antwortmuster der Schüler mit der Faktorenanalyse so sortieren lassen, dass man erkennen kann, welche Items zusammengehören. In diesem Fall ergaben sich eindeutig die vier genannten Skalen. Mit einer zweiten Stichprobe von sogar N = 1.455 Schülern konnte die faktorielle Struktur des Fragebogens bestätigt werden. Nach den Gütekriterien Objektivität, Reliabilität und Validität kann der FHLM als geeignetes Instrument betrachtet werden, insbesondere zur ökonomischen Erfassung der Lesemotivation in großen Schulleistungsstudien.

Regressionsanalyse
Die Regressionsanalyse ist ein statistisches Verfahren zur Überprüfung des linearen Zusammenhangs zwischen einer oder mehreren Prädiktorvariablen und einer sogenannten Kriteriumsvariable. Man möchte also mithilfe der Prädiktoren das Kriterium vorhersagen. Eine Fragestellung, die mithilfe der Regressionsanalyse beantwortet werden kann, ist z. B.: „Inwiefern lassen sich schulische Leistungen durch die Variablen kognitive Grundfähigkeit und Motivation vorhersagen?" Man kann diese Frage dann weiter präzisieren, in dem man fragt:

Auswertungsmethoden

> Wie stark ist der Zusammenhang zwischen den beiden Prädiktoren und dem Kriterium insgesamt?
> Welcher der beiden Prädiktoren hat den stärkeren Einfluss auf die schulischen Leistungen?

In der Regressionsanalyse werden Regressionskoeffizienten (griechisch: β, beta) berechnet, die angeben, wie stark der Einfluss eines jeden Prädiktors auf das Kriterium ist. Ein Regressionskoeffizient von Null zeigt an, dass der Prädiktor keinen Einfluss auf das Kriterium hat, ein Koeffizient von (plus oder minus) Eins bedeutet, dass Ausprägungen auf dem Kriterium vollständig durch den entsprechenden Prädiktor erklärt werden. Üblicherweise ist nicht zu erwarten, dass das Kriterium vollständig durch die Einflüsse der Prädiktoren erklärt wird. Weitere, in einer Untersuchung nicht berücksichtigte Variablen können das Kriterium beeinflussen.

Datengrundlage der Regressionsanalyse sind die Korrelationen der Prädiktoren untereinander und die Korrelationen jedes Prädiktors mit dem Kriterium.

Das bereits oben aufgegriffene Kausalitätsproblem betrifft gerade in Querschnittuntersuchungen natürlich auch die Regressionsanalyse, sodass man eine starke theoretische Grundlage benötigt, um zu rechtfertigen, warum man die berechneten Korrelationen heranzieht, um den Einfluss von Prädiktoren auf ein Kriterium zu ermitteln. In Kasten 20 wird beispielhaft eine Regressionsanalyse veranschaulicht.

Statistische Kennwerte

Kasten 20
Beispiel einer Regressionsanalyse
Im immersiven Unterricht wird eine Fremdsprache als Unterrichtssprache verwendet. Sie ist nicht selbst Gegenstand des Unterrichts, sondern dient als Unterrichtssprache zur Vermittlung curricularer Inhalte verschiedener Fächer (z. B. Mathematik, Sachkunde).

Die vorliegende Untersuchung analysiert längsschnittlich Unterschiede zwischen monolingual und immersiv unterrichteten deutschen Schülern am Ende der zweiten Klassenstufe. Die Grundschüler wurden von Beginn der Schulzeit in allen Fächern (außer in Deutsch) auf Englisch unterrichtet. Interessant ist hier vor allem die Frage, welche Prädiktoren die schulischen Leistungen der Schüler beeinflussen.

Am Ende der zweiten Klasse konnten N = 124 Schüler (54.0 % immersiv unterrichtet) untersucht werden. Insgesamt wurden vier Prädiktoren berücksichtigt: die kognitiven Grundfähigkeiten der Kinder, ihr Verbalgedächtnis, ihre schulischen Leistungen nach Ablauf der ersten Klasse und natürlich die Unterrichtsform (ob sie immersiv oder monolingual unterrichtet wurden).

Als Maß für die Mathematikleistung wurde der DEMAT 2+ (Krajewski, Liehm und Schneider, 2004) eingesetzt, ein standardisierter, am Curriculum der zweiten Klassenstufe ausgerichteter Leistungstest.

Tabelle 15: Mittelwerte im Lesetest für monolingual oder immersiv unterrichtete Grundschüler in der ersten und zweiten Klasse

Gruppe	Ende Klasse 1	Ende Klasse 2
Bilingualer Unterricht	28.65 (5.46)	23.81 (6.95)
Monolingualer Unterricht	23.41 (8.23)	16.00 (8.23)

Auswertungsmethoden

```
Rechenleistung Ende Klasse 1  ──.44***──▶  ┐
                                            │
Intelligenz  ──.27**──▶                     │
                                            │── Rechenleistung Ende Klasse 2
Gedächtnis  ──.11──▶                        │
                                            │
Unterrichtsform  ──.21**──▶                 ┘
```

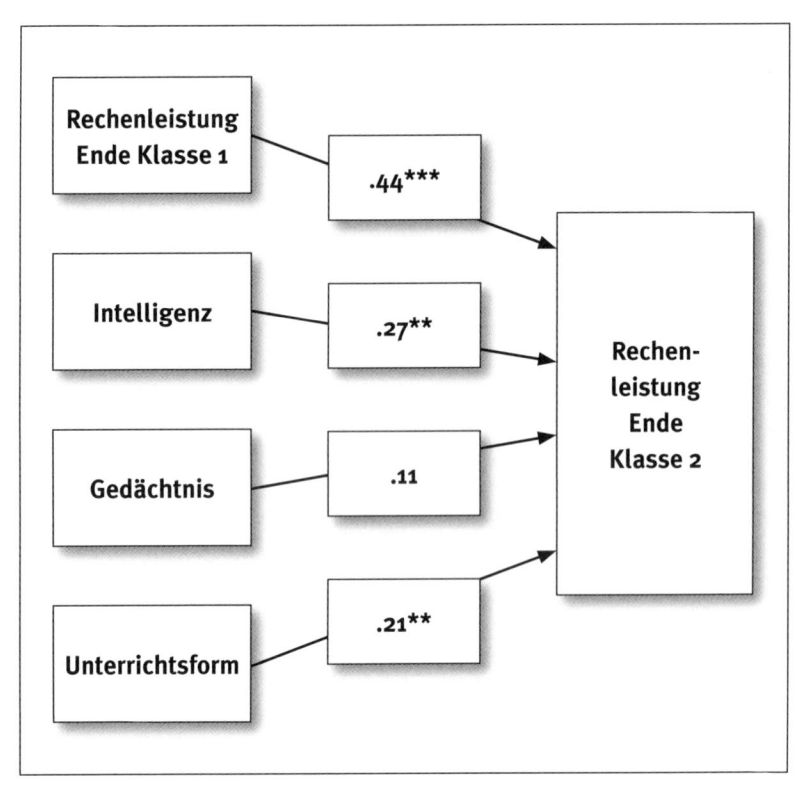

Abbildung 4: Regressionsanalyse zur Vorhersage der Rechenleistung am Ende der zweiten Klasse durch die Prädiktoren Rechenleistung am Ende der 1. Klasse, Intelligenz, Gedächtnisleistung und Unterrichtsform (mono- vs. bilingual)

Die Rechenleistung ist bei den immersiv unterrichteten Kindern am Ende der zweiten Klasse signifikant höher als bei den monolingual unterrichteten Kindern. Auf den ersten Blick könnte man also denken, dass der immersive Unterricht die Entwicklung der Rechenleistung viel besser fördert als der monolinguale Unterricht. Bezieht man aber ein, dass die immersiv unterrichteten Kinder bereits in Klasse 1 besser waren und dass sie bessere Ergebnisse im Intelligenztest und im Gedächtnistest erzielten, ergibt sich ein differenzierteres Bild. Die Regressionsanalyse kann diese weiteren Prädiktoren einbeziehen.

* $p < .05$; ** $p < .01$; *** $p < .001$

Statistische Kennwerte

Prädiktoren wie Kriterium sind als Rechtecke gezeichnet. Die Variable, auf die der Pfeil zeigt, wird von der Variablen beeinflusst, von der der Pfeil kommt. Somit zeigt sich für das Verbalgedächtnis (.11) kein bedeutsamer Einfluss mehr, dagegen hat die Intelligenz einen Effekt auf die Rechenleistung (.27). Vor allem die Rechenleistung am Ende der ersten Klasse weist ein hohes positives Regressionsgewicht auf ($\beta = .44$). Die Unterrichtsform hat darüber hinaus noch einen Einfluss auf den Zuwachs der Rechenleistung ($\beta = .21$). Insgesamt zeigt uns also die Regressionsanalyse hier, dass die unterschiedlichen Rechenleistungen am Ende der zweiten Klasse wesentlich durch die vorangegangene Rechenleistung verursacht wurden. Zudem haben auch die Intelligenz und die Unterrichtsform einen Einfluss. Schüler, die am immersiven Unterricht teilnahmen, haben höhere Zuwächse im deutschsprachigen Mathematiktest erzielt als Schüler in monolingualen Klassen.

Pfadanalyse
Als Erweiterung der Regressionsanalysen können Pfadanalysen betrachtet werden. Diese erlauben die Überprüfung komplexerer Zusammenhangsgefüge. So kann der Einfluss auf mehrere Kriterien simultan überprüft werden, weiterhin kann man Kausalketten der Form A beeinflusst B und B beeinflusst C analysieren. Pfadanalysen werden gern verwendet, um die wechselseitige Beeinflussung zweier Variablen zu untersuchen, man spricht hier von Cross-lagged Panel Designs. Solche Designs können z. B. die Frage beantworten, ob die Lesemotivation die Leseleistung und/oder die Leseleistung die Lesemotivation beeinflusst. Sie umfassen mindestens zwei Messzeitpunkte, zu denen die beiden interessierenden Variablen erhoben werden müssen.

Kasten 21
Die LISA-Studie als Beispiel für ein Cross-lagged Panel Design
Die Daten der LISA-Studie aus dem ersten Messzeitpunkt am Beginn der fünften Klasse dienten bereits als Grundlage für die Darstellung der Korrelationsstudien. Da die Studie aber längsschnittlich angelegt ist, liegen seit dem Herbst 2006 auch die Daten des zweiten Messzeitpunktes am Ende der sechsten Klassenstufe vor. Zum Einsatz kamen erneut u. a. standardisierte Lesetests und die Skalen zur Lesemotivation. Abbildung 5 zeigt die Befunde zu den wechselseitigen Zusammenhängen zwischen Leseleistung und Leseselbstkonzept.

Auswertungsmethoden

```
    Leistung in      .64      Leistung in
    Klasse 5    ─────────►    Klasse 6
        ▲          .22            
        │            ╲    ╱
      .35            ╳
        │          ╱    ╲
        ▼        .17
    Selbstkonzept in  ─────►  Selbstkonzept in
    Klasse 5         .58       Klasse 6
```

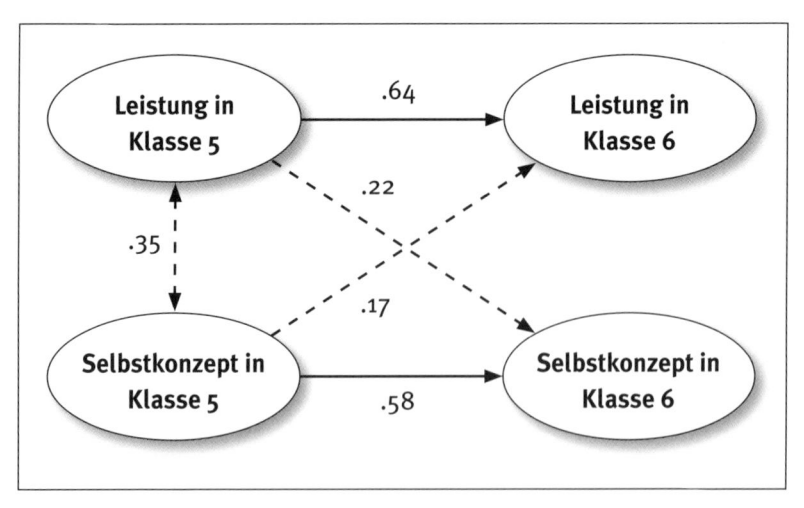

Abbildung 5: Reziprokes Kausalgefüge zwischen Selbstkonzept Lesen und Leseleistungen

Die Befunde lassen sich wie folgt zusammenfassen:
› In der 5. Jahrgangsstufe ergibt sich zwischen beiden Merkmalen eine positive Korrelation (dargestellt durch den Doppelpfeil) in der Größenordnung von r = .35.
› Die Leistung zu Beginn der 5. Klasse hat einen positiven Effekt auf die Leistung zum Ende der 6. Klasse (.64).
› Das gleiche Muster zeigt sich für das Selbstkonzept von Klasse 5 nach Klasse 6 (.58). Inhaltlich bedeutet dies, dass die Leseleistung und das Leseselbstkonzept relativ stabil sind über die Zeitpunkte. Die Werte des früheren Messzeitpunktes sind ein guter Prädiktor für die späteren Werte.
› Zur Klärung der Ursache-Wirkungs-Frage sind die Pfade zwischen den Variablen interessanter. Zwischen der Leseleistung und dem Selbstkonzept ergeben sich zusätzliche Cross-lagged Pfade (beispielsweise .22 von Leistung in Klasse 5 auf Selbstkonzept in Klasse 6). Dieser Effekt wird typischerweise so interpretiert, dass die Leistung in der 5. Klasse einen positiven Effekt auf die Veränderung des Selbstkonzepts von der 5. zur 6. Klasse hat: Je leistungsstärker ein Schüler, desto günstiger die Selbstkonzeptentwicklung. Umgekehrt gilt dasselbe für die Effekte des Selbstkonzepts auf die Leistung, d. h. Schüler mit höherem Selbstkonzept zeigen auch eine günstigere Leistungsentwicklung (Cross-lagged Pfade von Selbstkonzept auf Leistung; .17). Es handelt sich also um eine rekursive Beziehung, die beiden Variablen beeinflussen sich wechselseitig.

Statistische Kennwerte

In Kasten 21 ist der Zusammenhang zwischen dem Leseselbstkonzept und der Leseleistung aus der LISA-Studie dargestellt. Der Doppelpfeil zwischen den beiden Kriterien symbolisiert eine Korrelation. Beide Variablen wurden zu Beginn des fünften Schuljahrs und zum Ende des sechsten Schuljahrs erhoben. Dabei wird die Annahme gemacht, dass ein zeitlich späteres Ereignis Ergebnis von zeitlich früheren Ereignissen ist. Erfasst man also das Leseselbstkonzept vor der Leseleistung, so kann der Zusammenhang zwischen beiden nur durch den Einfluss des zeitlich früher erfassten Leseselbstkonzepts auf die zeitlich nachgeordnete Variable Leseleistung zustande gekommen sein. Umgekehrt gilt, wenn zeitlich vorgeordnet die Leistung und später das Leseselbstkonzept erfasst wird, kann nur die Leistung das Selbstkonzept beeinflussen. Eine substanzielle Korrelation zwischen beiden Variablen würde in diesem Fall ein Kausalmodell stützen, wonach die Höhe der Leistung einen Einfluss auf die Höhe des Selbstkonzepts hat. Allerdings kann man auch hier nie ausschließen, dass nicht berücksichtigte Drittvariablen für die Korrelation zwischen Leistung und Leistungsmotivation verantwortlich sind.

Die Erweiterung der Regressionsanalyse ist in Kasten 21 unmittelbar ersichtlich. Es wird nicht mehr der Einfluss von mehreren Prädiktoren auf nur ein Kriterium untersucht, sondern der Einfluss mehrerer Prädiktoren auf mehrere Kriterien. Es sind beide Variablen als Prädiktoren zum ersten Messzeitpunkt und als Kriterium zum zweiten Messzeitpunkt erhoben worden. Prädiktoren sind durch weglaufende und Kriterien durch auf sie zulaufende Pfeile gekennzeichnet. Die Koeffizienten werden jetzt als Pfadkoeffizienten bezeichnet. Bei solchen Untersuchungen unterscheidet man zwei Arten von Pfadkoeffizienten: Die Pfade, die die Ausprägungen einer Variablen zum zweiten Zeitpunkt auf die Ausprägungen derselben Variablen zu einem früheren Zeitpunkt zurückführen, heißen autoregressive Pfade. In Kasten 21 handelt es sich um den Pfad von der Leistung in Klasse 5 auf die Leistung in Klasse 6 sowie den Pfad vom Selbstkonzept in Klasse 5 auf das Selbstkonzept in Klasse 6. Es ist plausibel anzunehmen und zeigt sich auch in der Analyse, dass die frühere Leseleistung einen (positiven) Einfluss auf die spätere Leseleistung hat (in Höhe von .64), man kann also von einer bestimmten Stabilität der Leseleistung ausgehen. Gute Leser in der fünften Klasse werden auch gute Leser in der sechsten Klasse sein. Ähnlich stabil ist das Leseselbstkonzept. Schüler, die in der fünften Klasse ein hohes Leseselbstkonzept haben, zeigen dies auch in der sechsten Klasse (.58). Zusätzlich gibt es in solchen Untersuchungen Cross-lagged Pfade. Das sind die Pfade, die vom Leseselbstkonzept zum ersten Messzeitpunkt auf die Leseleistung zum zweiten Messzeitpunkt (.17) und von der Leseleistung zum ersten Messzeitpunkt auf das Leseselbstkonzept zum zweiten Messzeitpunkt (.22) wirken. Demnach zeigt sich, dass eine höhere Lesemotivation die Leseleistung steigert und umgekehrt hohe Leseleistungen zu einer Steigerung der Lesemotivation führen.

Meta-Analyse
Meta-Analysen werden Studien genannt, für die nicht selbst neue Daten erhoben werden, sondern die Ergebnisse aus sehr vielen vorliegenden Studien zum gleichen Thema nutzen. Beispielsweise existieren viele Studien zum Zusammenhang zwischen Leistung und fachbezogenem Selbstkonzept von Schülerinnen und Schülern. Bedingt durch unterschiedliche Messmethoden, Stichproben und andere Faktoren ergeben sich in den unterschiedlichen Studien unterschiedliche Ergebnisse. Wenn man wissen will, wie insgesamt der Zusammenhang aussieht, analysiert man alle Daten, die Forscher weltweit zu dieser Fragestellung zusammengetragen haben. Solche Meta-Analysen nutzen dann beispielsweise die Korrelationen zwischen der Mathematikleistung und dem mathematischen Selbstkonzept aus vielen Studien und verrechnen diese, um – vereinfacht ausgedrückt – den ‚mittleren' Zusammenhang zu ermitteln.

Diese Art ‚Zweitverwertung' dient dem Überblick über ein Forschungsfeld, ersetzt allerdings nicht die sorgfältige theoretische Arbeit. Neben quantifizierenden Meta-Analysen, die die Daten der Originalstudien verwenden, gibt es auch sogenannte narrative Überblicksarbeiten, die auf der theoretischen Ebene den Forschungsstand zu einer Fragestellung reflektieren. Beispielhaft ist im Kasten 22 eine Meta-Analyse zum Bezugsrahmenmodell dargestellt.

Kasten 22
Meta-Analyse zum Bezugsrahmenmodell
Verkürzt gesagt beschreibt das Bezugsrahmenmodell den Befund, dass die schulischen Leistungen in Mathematik und Deutsch – entgegen mancher Alltagsüberzeugung – recht hoch positiv korreliert sind. Das heißt, dass viele Schüler in beiden Fächern eher gleich gut bzw. schwach sind. Bei nur wenigen Schülern ergeben sich deutliche Leistungsdiskrepanzen in Deutsch und Mathematik. Interessanterweise scheinen Schüler selbst diese Ähnlichkeiten in ihren verbalen und mathematischen Fähigkeiten aber kaum wahrzunehmen. Die Selbsteinschätzungen ihrer Fähigkeiten in Deutsch und Mathematik (das verbale und mathematische Selbstkonzept) sind annähernd unkorreliert. Mittlerweile existieren Studien mit 69 voneinander unabhängigen Stichproben, in denen dieses typische Befundmuster des Bezugrahmenmodells gezeigt werden konnte.

Statistische Kennwerte

Die Korrelationen zwischen den Leistungen im verbalen und mathematischen Bereich sind nahezu ausschließlich deutlich positiv und schwanken zwischen r = .31 und r = .94. In fast allen Stichproben sind die Selbstkonzepte niedriger korreliert als die Leistungsmaße. Die entsprechenden Korrelationen schwanken zwischen r = -.13 und r = .22. Werden die Korrelationen zwischen den Leistungen bzw. zwischen den Selbstkonzepten einer Meta-Analyse unterzogen, ergibt sich ein durchschnittlicher Zusammenhang zwischen den Leistungsmaßen von .67, während die Selbstkonzepte deutlich niedriger zu .10 korreliert sind. Die Mathematikleistungen korrelieren mit dem mathematischen Selbstkonzept zu .42, die muttersprachlichen Leistungen zu .37. Die Beziehungen zwischen den Leistungen und Selbstkonzepten im selben Fach sind durchweg positiv und substantiell (Mathematik: .61; Deutsch: .49). Zudem ergeben sich negative Zusammenhänge zwischen den Leistungen und den Selbstkonzepten in dem anderen Fach (Mathematikleistung auf Deutsch-Selbstkonzept -.27; Deutschleistung auf Mathematik-Selbstkonzept -.21). Die letzten Zahlen weisen darauf hin, dass sehr gute Mathematikleistungen stark zu einem hohen mathematischen Selbstkonzept beitragen, während sie das Deutsch-Selbstkonzept leicht negativ beeinflussen. Gezeigt werden kann in dieser Meta-Analyse auch, dass diese Zusammenhänge für Jungen und Mädchen in ähnlicher Weise gelten. Auch macht es kaum einen Unterschied, ob die Leistungen über Lehrerurteile (Noten) oder objektive Leistungstests erfasst werden.

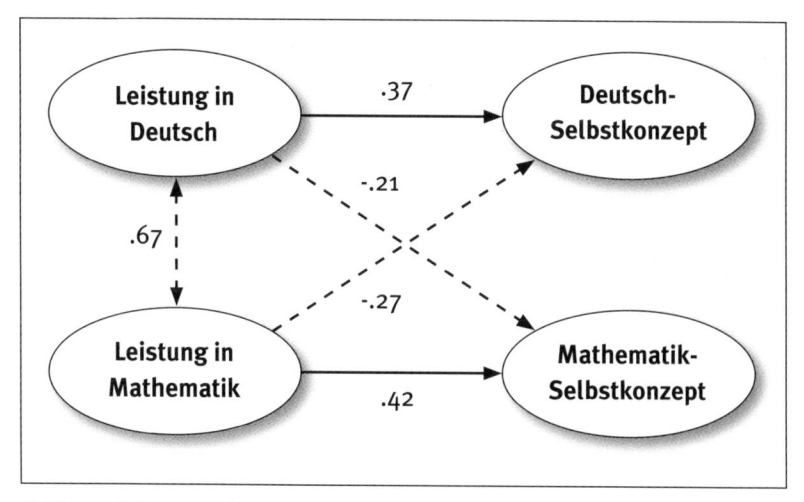

Abbildung 6: Zusammenhang von Leistung und Selbstkonzept

6 Evaluieren

6.1 Definition

Als Evaluation werden alle Formen der Ermittlung des Wertes einer Einrichtung oder einer Initiative verstanden. In der Bildungsforschung werden etwa einzelne Unterrichts- oder Trainingsprogramme evaluiert. Im Schulsystem gibt es häufig Evaluationen ganzer Schulen, an Universitäten Evaluationen ganzer Fachbereiche. Auch schulischer Unterricht kann evaluiert werden, bei Fortbildungen ist es inzwischen gängige Praxis, mindestens die Teilnehmer nach ihrer Bewertung der Maßnahme zu fragen. Auch das komplette Bildungssystem eines Staates kann evaluiert werden. Beispiele für ein solches Systemmonitoring sind etwa die internationalen Schulleistungsvergleichsstudien wie PISA (für 15-Jährige) und IGLU (für Grundschüler). Um eine Evaluation zielgerichtet durchführen zu können, muss natürlich genau geklärt werden, welche Kriterien zur Beurteilung herangezogen werden. Im Falle der ersten PISA-Studie im Jahr 2000 stand beispielsweise die Lesekompetenz im Vordergrund, gleichzeitig wurde aber auch sehr stark darauf geachtet, ob ein Bildungssystem Chancengleichheit herstellt und welche Bildungschancen Jugendliche mit Migrationshintergrund haben. Erst auf dem Hintergrund solcher Kriterien kann ein Programm oder eine Einrichtung evaluiert werden. Wird ein Programm oder eine Einrichtung als Ganzes bewertet, spricht man von einer globalen Evaluation, geht es um eine detaillierte Überprüfung einzelner Aspekte einer Einrichtung oder eines Programms, liegt eine analytische Evaluation vor.

Evaluation in ihrer anspruchsvollsten Form als wissenschaftliche Evaluation ist gegeben, wenn sie auf Daten beruht, die mit wissenschaftlichen Verfahren erhoben und mit wissenschaftlichen Methoden analysiert wurden. Wird eine Evaluation hypothesengeleitet durchgeführt und bedient sich der wissenschaftlichen Methoden, wird der Unterschied zwischen Evaluation und Bildungsforschung gering. Allerdings können die Standards wissenschaftlicher Evaluation im Alltag der schulischen Evaluation nicht immer eingehalten werden, häufig kommt es zu (mehr oder weniger) wohl begründeten Einschränkungen der Güte bei der schulischen Evaluation.

Evaluationen werden außerdem danach unterschieden, ob sie outputorientiert das Ergebnis einer Maßnahme überprüfen oder ob sie prozessorientiert den Verlauf von Maßnahmen überprüfen. Summativ werden Evaluationen genannt, die sich auf den Output, das Produkt konzentrieren. Sie finden entsprechend nach Abschluss einer Maßnahme statt oder resümieren Ergebnisse von Bildungsprozessen zu einem definierten Zeitpunkt. Beantwortet werden soll die Effektivität der abgeschlossenen Maßnahmen.

Formativ sind Evaluationen, wenn bereits die Entwicklung der Maßnahme bewertet werden soll, wenn stärker prozessorientiert vorgegangen wird. Mit formativen Evaluationen kann man während der Maßnahme Veränderungsmöglichkeiten an einzelnen Komponenten eines Programms ausloten und vorschlagen.

Sollten Evaluationen in der Schule von Mitgliedern der Schule selbst (Schulleitung, Kollegium, Schüler, Eltern) durchgeführt werden oder bedarf es auswärtiger Expertise? Bei der internen Evaluation werden alle Arbeitsschritte innerhalb eines Kollegiums absolviert. Die Entscheidung, ob eine Evaluation überhaupt durchgeführt werden soll, welchen Bereichen sie sich widmet, die Entwicklung von Fragebögen oder anderen Instrumenten zur Datenerhebung läge in der Verantwortung des Kollegiums. Ebenso muss die Evaluation selbst durchgeführt werden, die Daten müssen ausgewertet und interpretiert werden. Man sieht bereits, dass ein solches Vorgehen (mal ganz abgesehen von den motivationalen Schwierigkeiten, den eigenen Arbeitsbereich unvoreingenommen zu beleuchten) erhebliche Anstrengungen verlangt und neben den üblichen Anforderungen des Berufs nur geleistet werden kann, wenn der zu evaluierende Bereich eher überschaubar ist. Wenn Planung, Durchführung und Interpretation der Evaluation nicht mehr in den Händen der Lehrkräfte liegen, spricht man von einer externen Evaluation. Häufig ist dabei die Schulaufsicht die treibende Kraft, zumindest international gibt es aber auch externe Evaluationen durch unabhängige Einrichtungen.

6.2 Ablauf einer wissenschaftlichen Evaluation

In Kasten 23 sind die acht Schritte einer systematischen wissenschaftlichen Evaluation in der Form eines Kreislaufs aufgeführt (Abs u. a., S. 99). Die Schritte 1 und 2 konstituieren dabei den Entstehungszusammenhang der Evaluation, der Begründungszusammenhang wird über die Schritte 3 bis 5 hergestellt, der Verwertungszusammenhang umfasst die Evaluationsschritte 6 bis 8. Rost spricht in diesem Zusammenhang in Anlehnung an Rossi, Freeman und Hofmann von der Konzeptualisierungsphase (Schritte 1 bis 3), der Implementationsphase (Schritte 4 und 5) und der Wirkungsforschungspha-

Evaluieren

se (Schritte 6 bis 8). Alle drei Phasen haben ihre Entsprechung in der Grundlagenforschung.

Übersicht über acht Schritte einer wissenschaftlichen Evaluation (Abs u. a., S. 99)

1. Entscheidung über die Durchführung einer Evaluation
2. Entscheidung über zu untersuchende Bereiche
3. Entwicklung von Fragestellungen und Indikatoren
4. Konstruktion von Instrumenten
5. Durchführung, Aufbereitung, Auswertung u. Dokumentation
6. Entscheidung über Zugang zu den Ergebnissen
7. Interpretation von Ergebnissen
8. Ziehen von Konsequenzen

6.3 Ziele und Fragestellungen

Jede empirische Untersuchung, so auch eine Evaluation, bedarf eines theoretischen Rahmens. Darin gilt es zunächst zu klären, welches die zentralen Ziele sind, die eine Maßnahme optimieren oder eine Einrichtung erreichen will. Geht es um die Steigerung der Unterrichtsqualität, so ist mit den jeweils Betroffenen zu klären, welchem Qualitätsverständnis von Unterricht gefolgt wird. Ohne diese explizite Klärung der Ziele ist eine fundierte Datenerhebung und Datenauswertung und in der Folge die spätere Interpretation der Evaluationsergebnisse kaum möglich.

Wie in der Empirischen Bildungsforschung werden Fragestellungen bzw. Hypothesen formuliert, die das Wirkgefüge zwischen Maßnahmen/Interventionen und Zielen spezifizieren. Welche Maßnahmen führen zu welchen

Ziele und Fragestellungen

Effekten? Wie müssen die Maßnahmen gestaltet sein? Gibt es Bedingungen, die Effekte fördern und Bedingungen, die die Effekte behindern? Welche Nebenwirkungen gibt es?

Genau wie bei wissenschaftlichen Untersuchungen liefert die Entwicklung der Fragestellung die Voraussetzung für die Entwicklung von Fragebögen oder anderen Instrumenten, mit denen überprüft werden soll, ob die Ziele erreicht werden: „Wo quantitative Daten erhoben und interpretiert werden, müssen auch die Regeln der sozialwissenschaftlichen Methodenlehre und Statistik beachtet werden" (Abs u. a., S. 102). Natürlich gibt es auch Gründe für die Annahme, dass solche hohen wissenschaftlichen Ansprüche an Evaluationen nicht gestellt werden sollten. Allerdings kann nur bei Umsetzung hoher wissenschaftlicher Standards und bei Verwendung guter Messinstrumente, die sich vielleicht schon in der Forschung bewährt haben sollten, valide Ergebnisse erwartet werden. Ähnliches gilt für Auswertungsverfahren. Sie müssen gut begründet sein, die Verfahren und Interpretationen transparent und intersubjektiv nachvollziehbar sein.

Wo immer es möglich ist, sollten auch bei schulischen Evaluationen von Maßnahmen Kontrollgruppen eingesetzt werden. Nur Kontrollgruppen bieten einen wissenschaftlich haltbaren Vergleichsmaßstab für die Interpretation von Wirkungen von Maßnahmen. Kontrollgruppe kann manchmal die Parallelklasse sein, im Falle der Evaluation von Aspekten des gesamten Schullebens wie etwa der Schülerzufriedenheit können Daten der eigenen Schule mit denen aus anderen ähnlichen Schulen verglichen werden. Interventionsmaßnahmen wie beispielsweise ein Lesetraining kann nur dann in seiner Wirksamkeit evaluiert werden, wenn es mit anderen Trainings sowie einer Gruppe ohne Training verglichen wird.

Natürlich stößt die Forderung nach der Einbeziehung einer oder sogar mehrerer Kontrollgruppen auf Widerstände und wird nicht immer möglich sein. Zudem ist auf Klassen- oder Schulebene das Problem des fairen Vergleichs nicht immer einfach zu lösen. Parallelklassen oder Vergleichsschulen müssen bezüglich wichtiger Kriterien (Vorwissen, Zusammensetzung usw.) eben auch vergleichbar sein. Es macht wenig Sinn, die Klasse einer Privatschule aus dem gutbürgerlichen Viertel mit der Klasse einer Schule aus einem sozialen Brennpunktviertel zu vergleichen. Mindestens müssen solche Vergleiche dann so gemacht werden, (und das geht auch wieder nur mit wissenschaftlichen Methoden), dass die unterschiedlichen Lern- und Leistungsvoraussetzungen der Kinder bei der Analyse und Interpretation der Ergebnisse berücksichtigt werden.

Evaluieren

Was geschieht mit den Ergebnissen der Evaluation?
Wer soll Zugang zu den Ergebnissen der Evaluation haben? Welche Rolle spielt die Schulaufsicht? Wie sind die Befunde zu interpretieren? Welche Konsequenzen ergeben sich aus der Evaluation für das Schulsystem, die einzelne Schule, den einzelnen Schulleiter oder die Lehrkraft oder für eine bestimmte Intervention, ein Produkt, ein Programm? Hier müssen berechtigte Interessen der beteiligten Personen ernst genommen werden, und ohne Empfindlichkeiten hervorzurufen, laufen Evaluationen selten ab.

Zudem ist man leicht dem Vorwurf ausgesetzt, Evaluation sei ein Selbstzweck und die Energie und die dafür aufgewendeten Kosten wären sinnvoller für vernünftige pädagogische Tätigkeiten eingesetzt worden. Dies gilt vor allem, wenn die Befunde von Evaluation nicht zu konkreten Anschlussmaßnahmen beispielsweise der Schulentwicklung führen. Dem Vorwurf, „allein vom Wiegen wird die Sau nicht fetter", ist am besten zu begegnen, wenn es gelingt, die Ergebnisse der Evaluation so zu nutzen, dass die Ziele der Maßnahmen oder der Schule besser erreicht werden können. An die Bereitstellung von Evaluationsbefunden wird sich dementsprechend ein Katalog von Maßnahmen zur Umsetzung der erwünschten Veränderungen anschließen. Ansonsten ist die Gefahr groß, dass Adressaten die Befunde der Evaluation einfach abwerten oder ignorieren.

6.4 Standards für Evaluationen

Evaluationen sollten im Idealfall nicht nur wissenschaftlichen Standards genügen, sie müssen auch pragmatisch sein. Das widerspricht sich nicht immer, nützlich sind aber über die Kriterien der Wissenschaftlichkeit hinaus Standards, die eingehalten werden sollten, um Evaluationen Gewinn bringend durchführen zu können. Es gibt verschiedene und unterschiedlich ausführliche Listen solcher Standards, meist werden die vier Bereiche Nützlichkeitsstandards, Durchführbarkeitsstandards, Standards der Fairness und der Genauigkeit genannt. Kasten 23 listet einzelne Aspekte dieser 4 Gruppen von Standards auf.

Standards für Evaluationen

Kasten 23
Standards der Evaluation

Fragen zur Nützlichkeit
Wer sind die Beteiligten und Betroffenen?
Welchen Zweck verfolgt die Evaluation?
Welcher Wissensbedarf besteht bei wem?
Welche zeitliche Ausdehnung soll die Evaluation haben?
Wer sollte/ist als Evaluator vorgesehen?
Wann wird wem welche Art von Bericht vorgelegt?
Wer kann die Ergebnisse der Evaluation nutzen?

Fragen zur Durchführbarkeit
Ist das Vorhaben realistisch angesichts sonstiger Belastungen?
Sind die Beteiligten kooperationsbereit?
Ist das Vorhaben ökonomisch durchführbar?
Stehen Aufwand und Ertrag in vernünftigem Verhältnis?

Fragen zur Fairness
Sind Datenschutzbelange und andere rechtliche Aspekte berücksichtigt?
Werden Teilnehmer an der Untersuchung stark belastet?
Ist die Evaluation objektiv und transparent?
Werden die Ergebnisse offengelegt?
Ist die Berichterstattung fair und objektiv?

Fragen zur Genauigkeit
Ist der Kontext hinreichend beschrieben und berücksichtigt worden?
Sind die gezogenen Schlüsse hinreichend objektiv, valide und reliabel?
Liefert die Evaluation für die Auftraggeber verwertbare Informationen?
Ist die Evaluation hinreichend umfassend?
Gibt es eine systematische Fehlerprüfung bei der Evaluation?

Evaluieren

6.5 Bildungsstandards als Beispiel für Evaluationen im Bildungssystem

Mit ihren Beschlüssen von 2003 und 2004 hat die Kultusministerkonferenz (KMK) verbindliche länderübergreifende Bildungsstandards für die Grundschule und das Ende der Sekundarstufe I verabschiedet. Die Einführung und Überprüfung der Bildungsstandards kann als Maßnahme zum Aufbau eines Evaluationssystems im deutschen allgemein bildenden Schulwesen betrachtet werden.

Alle 16 Länder haben sich dazu verpflichtet Sorge zu tragen, dass im Fachunterricht Lerngelegenheiten geschaffen werden, um die in den Bildungsstandards formulierten Kompetenzen zu erreichen. Bildungsstandards benennen fachspezifisch die wesentlichen Ziele pädagogischer Arbeit, ausgedrückt als erwünschte Lernergebnisse bzw. Kompetenzen der Schülerinnen und Schüler zu bestimmten Zeitpunkten ihrer Bildungsbiographien. Im Bereich der ersten Fremdsprache für den Mittleren Schulabschluss heißt es für den Kompetenzbereich Lesen u. a.: „Die Schülerinnen und Schüler können
› Korrespondenz lesen, die sich auf das eigene Interessengebiet bezieht und die wesentliche Aussage erfassen (B2),
› klar formulierte Anweisungen, unkomplizierte Anleitungen, Hinweise und Vorschriften verstehen (B1/B2)…" (KMK, 2004, S. 14).

Definiert wurden hier also die kognitiven Fähigkeiten und Fertigkeiten, die notwendig sind, um bestimmte Probleme bzw. Aufgaben lösen zu können. Sie werden als Kompetenzen verstanden. Damit entsprechen die Kompetenzen psychologischen Variablen, die mithilfe von Messinstrumenten operationalisiert werden können und die Basis für wissenschaftliche Evaluationen liefern.

Zentral ist hier, dass als wesentliches Ziel Schülerkompetenzen und nicht mehr die Einhaltung der Lehrpläne (wie bei der Input-Orientierung) das entscheidende Kriterium für schulische Bildungsprozesse sind. Damit wird entsprechend dann in der Evaluation gefragt, ob diese Kompetenzen wirklich erreicht werden. Auf Seiten der Lehrkräfte soll das Bewusstsein geschärft werden, den Unterricht nicht an Inhalten, sondern an der Kompetenzentwicklung der Schülerinnen und Schüler zu orientieren. Damit wird die Hoffnung verbunden, dass die Fokussierung auf Kompetenzen einen handlungsorientierten und kognitiv aktivierenden Unterricht impliziert.

Die Einhaltung der Bildungsstandards wird mit konkreten Aufgaben überprüft, die reliabel und valide die formulierten Kompetenzerwartungen erfassen sollen. Dabei ist es das Ziel, durch die Analyse der Aufgaben und der von Schülerinnen und Schülern gezeigten Testleistungen Kompetenzmodelle mit unterschiedlichen Niveaustufen zu entwickeln.

Zukünftig soll auf der Basis von repräsentativen Stichproben in den Ländern festgestellt werden, welche Anteile der Schülerpopulation die Standards erreichen bzw. überschreiten. Die Befunde sollen dann eine relevante Grundlage für Steuerungsmaßnahmen im System sein. Im Grundschulbereich soll die Einhaltung der Bildungsstandards im Fünf-Jahres-Rhythmus, im Bereich der Sekundarstufe I im Sechs-Jahres-Rhythmus erfolgen, getrennt mit dreijährigem Abstand für Sprachen bzw. Mathematik/Naturwissenschaften. Berücksichtigt werden die 3. Jahrgangsstufen der Grundschulen und die 8. oder 9. Jahrgangsstufen im Sekundarbereich.

Literatur

Empfohlene Literatur zum Selbststudium

- Krapp, A. & Weidenmann, B. (2001). Pädagogische Psychologie. Weinheim: BeltzPVU.
- Rost, D. H. (Hrsg.) (2006). Handwörterbuch Pädagogische Psychologie (3. Auflage). Weinheim: BeltzPVU.
- Rost, D. (2007). Interpretation und Bewertung pädagogisch-psychologischer Studien (2. Auflage). Weinheim: BeltzPVU.

Verwendete Literatur

- Abs, H. J., Maag Merki, K. & Klieme, E. (2006). Grundlegende Gütekriterien für Schulevaluation. In W. Böttcher, H.-G. Holtappels & M. Brohm (Hrsg.), Evaluation im Bildungswesen. Eine Einführung in die Grundlagen und Praxisbeispiele (S. 97–108). Weinheim: Juventa.
- Bortz, J. (2005). Statistik für Human- und Sozialwissenschaftler (6. Auflage). Berlin: Springer.
- Bortz, J. & Döring, N. (2002). Forschungsmethoden und Evaluation für Human- und Sozialwissenschaftler (3. Auflage). Berlin: Springer.
- Campbell, D. T. (1963). From description to experimentation: Interpreting trends in quasi-experiments. In C. W. Harris (Ed.), Problems in measuring change (pp. 37–58). Madison: University of Wisconsin Press.
- Campbell, D. T. & Stanley, J. C. (1970). Experimentelle und quasi-experimentelle Anordnungen in der Unterrichtsforschung. In K. Ingenkamp & E. Parcy (Hrsg.), Handbuch der Unterrichtsforschung (S. 445–632). Weinheim: Beltz.
- Cook, T. D. & Campbell, D. T. (1976). The design and conduct of quasi-experiments and true experiments in field settings. In M. D. Dunette (Ed.), Handbook of industrial and organizational psychology (pp. 223–326). Chicago, IL: Rand McNally.
- Cook, T. D. & Campbell, D. T. (1979). Quasi-experimentation: Design and analysis issues for field settings. Chicago, IL: Rand McNally.
- Deutsches PISA-Konsortium (Hrsg.) (2001). PISA 2000. Basiskompetenzen von Schülerinnen und Schülern im internationalen Vergleich. Opladen: Leske + Budrich.

- Erdmann, R. (1988). Die Bedeutung empirischer Studien mit kleinen Stichproben für die Theoriebildung im sozialwissenschaftlichen Bereich. Sportwissenschaft, 18(3), 270–283.
- Hasselhorn, M. & Mähler, C. (2000). Transfer: Theorien, Technologien und empirische Erfassung. In Hager, W., Patry, J.-L. & Brezing, H. (Hrsg.), Handbuch Evaluation psychologischer Interventionsmaßnahmen. Standards und Kriterien. Bern: Huber.
- Klauer, K. C. (1991). Denktraining für Kinder II – Ein Programm zur intellektuellen Förderung. Handanweisung. Göttingen: Hogrefe.
- Klauer, K. J. (2001). Forschungsmethoden in der Pädagogischen Psychologie. In A. Krapp & B. Weidenmann (Hrsg.), Pädagogische Psychologie. Ein Lehrbuch (S. 75–97). Weinheim: Beltz/PVU.
- KMK (2004). Bildungsstandards für die erste Fremdsprache (Englisch/Französisch) für den Mittleren Schulabschluss. München.
- Köller, O. (im Druck). Lehr-Lern-Forschung. In W. Schneider & M. Hasselhorn (Hrsg.), Handbuch Pädagogische Psychologie. Göttingen: Hogrefe.
- Köller, O. (im Druck). Forschungsansätze in der Pädagogischen Psychologie. In W. Schneider & M. Hasselhorn (Hrsg.), Handbuch Pädagogische Psychologie. Göttingen: Hogrefe.
- Krause, U.-M., Stark, R. & Mandl, H. (2004). Förderung des computerbasierten Wissenserwerbs durch kooperatives Lernen und eine Feedbackmaßnahme. Zeitschrift für Pädagogische Psychologie, 18, 125–136.
- Krajewski, K., Liehm S. & Schneider, W. (2004) Deutscher Mathematiktest für zweite Klassen (DEMAT 2+). Göttingen: Hogrefe.
- Lehmann, R. H. & Peek, R. (1997). Aspekte der Lernausgangslage von Schülerinnen und Schülern der fünften Klassen an Hamburger Schulen. Bericht über die Untersuchung im September 1996 (unveröffentlichter Forschungsbericht). Hamburg.
- Matheson, D. W., Bruce, R. L. & Beauchamp, K. L. (1978). Experimental psychology: Research designs and analysis. New York, NY: Holt, Rinehart & Winston.
- Mayring, P. (2002). Einführung in die qualitative Sozialforschung (5. Auflage). Weinheim: Beltz.
- Möller, J. & Köller, O. (1999). Spontaneous cognitions following academic test results. Journal of Experimental Education, 67, 150–164.
- Möller, J. & Strauß, B. (1994). Experimentelle und quasiexperimentelle Versuchspläne. In H. Haag & B. Strauß (Hrsg.), Forschungsmethoden, Untersuchungspläne, Techniken der Datenerhebung (S. 167–181). Schorndorf: Hofmann.

Literatur

> Rossi, P. H., Freeman, H. & Hofmann, G. (1988). Programm-Evaluation. Einführung in die Methoden angewandter Sozialforschung. Stuttgart: Enke.
> Rost, D. H. (2005). Interpretation und Bewertung pädagogisch-psychologischer Studien. Weinheim: Beltz.
> Sarris, V. (1992). Methodologische Grundlagen der Experimentalpsychologie 2: Versuchsplanung und Stadien. München: Reinhardt.
> Watkins, M. W. & Coffey, D. Y. (2004). Reading motivation: Multidimensional and indeterminate. Journal of Educational Psychology, 96, 110–118.

Autoren

Prof. Dr. Olaf Köller ist Direktor des Instituts zur Qualitätsentwicklung im Bildungswesen in Berlin und ist zentral verantwortlich für die Entwicklung von Aufgabensammlungen, die den Schulen zur Implementierung der Bildungsstandards zur Verfügung stehen sollen. Er wurde 2004 zum Professor für Empirische Bildungsforschung an der Humboldt-Universität zu Berlin ernannt.

Prof. Dr. Jens Möller ist Direktor am Institut für Psychologie und Direktor des Zentrums für Lehrerbildung der Christian-Albrechts-Universität in Kiel. Seit September 2006 ist er Sprecher der Fachgruppe Pädagogische Psychologie in der Deutschen Gesellschaft für Psychologie und seit April 2006 Vorsitzender der DGP-Kommission Psychologie in den Lehramtsstudiengängen.

Vorschau

Schulmanagement-Handbuch
Band 124

Lesekompetenz – Schlüsselqualifikation und Querschnittsaufgabe

Die Förderung der Lesekompetenz ist Aufgabe der Schulgemeinschaft und des Schulmanagements. Das Schulmanagement-Handbuch 124 widmet sich der Frage, wie die Lesekompetenzentwicklung sich zu einer zentralen Führungsaufgabe von Schulleitungen entwickeln kann.
Dazu werden zunächst die wesentlichen Befunde zur Lesekompetenzentwicklung in Deutschland zusammengefasst. Anschließend werden die bedeutsamen Theorien und didaktischen Konzepte zur Lesekompetenzentwicklung vorgestellt.
In einem weiteren Kapitel wird die Frage beantwortet, wie an der eigenen Schule überprüft werden kann, ob mit Hilfe der angewendeten Lehr- und Lernstrategien die Schülerinnen und Schüler auch die damit angestrebten Lernziele erreicht haben. Dazu lernen Sie in diesem Handbuch Instrumente und Verfahren kennen.
Um bei der Analyse der Ist-Situation nicht stehen zu bleiben, finden Sie im Praxisteil Aktions- und Projektpläne und lernen, wie die Entwicklung der Lesekompetenz zu einem integralen Bestandteil der Schulprogrammarbeit werden kann. Nicht zuletzt erhalten Sie im Werkstattteil Materialen und Checklisten zur Nutzung in ihrer täglichen Praxis.

Zuletzt erschienene Handbücher

Band 107: Nachhaltige Unterrichtsentwicklung (Peter Jansen)
Band 108: Schüleraktive Unterrichtsformen (Eiko Jürgens)
Band 109: Schulveranstaltungen (Holger Mittelstädt)
Band 110: Zeit- und Selbstmanagement (Peter Eckeberg)
Band 111: Bildungsstandards (Cordula Artelt/Thomas Riecke-Baulecke)
Band 112: Eigenverantwortung annehmen und Schule führen (Hans Driftmann/Ute Erdsiek-Rave/Thomas Riecke-Baulecke u. a.)
Band 113: Lärm und Stress in der Schule (Hans-Georg Schönwälder)
Band 114: Unterrichtsevaluation (Michael Jäger)
Band 115: Elternarbeit (Michael Doppke/Holger Gisch)
Band 116: Externe Evaluation (Thomas Riecke-Baulecke u. a.)
Band 117: Effizientes Führen und Delegieren (Holger Mittelstädt)
Band 118: Vergleichsarbeiten und Schulentwicklung (Ingmar Hosenfeld/Jana Groß Ophoff/Petra Bittins)
Band 119: Effektive Kooperationsstrukturen (Claus G. Buhren/Guy Kempfert)
Band 120: Aktive Suchtprävention – für das Leben lernen (Hinnerk Frahm/Meike Latten/Susanne Giese)
Band 121: Grundlagen des Schulmanagements (Hans Werner Müller)
Band 122: Professionelles Kommunizieren (Michael Jäger)

Diese Handbücher können Sie unter www.schulmanagement-handbuch.de bestellen, solange der Vorrat reicht.

Klein, aber oho!

Oldenbourg Deutsch

Das kleine Grammatiklexikon

Oldenbourg

Grammatik mal ganz einfach! In dieser Grammatik finden sich Ihre Schülerinnen und Schüler **ohne grammatische Vorkenntnisse** zurecht und können sie alleine nutzen, denn:

- die grammatischen Phänomene sind **von A–Z geordnet**,
- es gibt kein kompliziertes Verweissystem. Die **Erläuterung** des gesuchten Begriffs erfolgt **an Ort und Stelle** (z. B. »Indefinitpronomen« unter »I« und nicht unter dem Oberbegriff »Pronomen« etc.),
- die Sprache ist einfach und **schülernah**,
- die verwendeten Symbole sind **eindeutig** und sofort verständlich,
- Aufbau und Layout sind **klar** und altersgemäß.

Das kleine Grammatiklexikon ist also bestens geeignet bei Hausaufgaben und für die Vorbereitung auf Schulaufgaben, Klassenarbeiten und Tests.

So sind die einzelnen Einträge aufgebaut:
1. Definition/Beschreibung des Phänomens
2. Angaben zu Form und Bildung
3. Angaben zur Funktion in Satz und Text
4. Hinweise zu Semantik und Stilistik
5. ggf. Hinweise zu Rechtschreibung und Zeichensetzung

Kurt Schreiner
Das kleine Grammatiklexikon
aus der Reihe Oldenbourg Deutsch
160 Seiten, broschiert, Best.-Nr. 00167-9
€ 9,95

Klasse!
Oldenbourg ■ bsv

Haben Sie noch Fragen? ➡ Unser Servicetelefon: 01805 65 33 62 (€ 0,12/Min.) · Telefax: (089) 4 50 51-200 · E-Mail: info@oldenbourg-bsv.de
Internet: www.oldenbourg-bsv.de · Anschrift: Oldenbourg Schulbuchverlag/Bayerischer Schulbuch Verlag, Rosenheimer Straße 145, 81671 München

Oldenbourg
Pädagogische Zeitschriften

Gut unterrichtet!

schul-management
Die Fachzeitschrift für die erfolgreiche Schulleitung

- aktuelle Hintergrundinformationen für pädagogische Führungskräfte
- wissenschaftliche Analysen rund um die Schulpraxis
- konkrete Unterstützung im Schulalltag

pro Jahr 6 Hefte

Gratis testen

Bestell-Coupon

Ja, ich möchte Ihr Angebot wahrnehmen.
Zutreffendes bitte ankreuzen:

☐ **Kostenloses Test-Angebot**
Bestellnummer 7588

☐ **Direkt-Abo**
Bestellnummer 7589   **Ihr Geschenk!**   2 Hefte gratis!

Bitte vollständig ausfüllen und **faxen an (089) 450 51 1341** oder per **E-Mail** unter Angabe der Bestellnummer an **aboservice@oldenbourg.de**

_____
Name, Vorname

_____   E-Mail*/Telefon*
Straße, Nr.   X
_____   _____
PLZ, Ort   Datum und Unterschrift

*E-Mail-Adresse und Telefon-Nummer benötigen wir für eventuelle Rückfragen sowie für die Zusendung der Auftragsbestätigung und ggf. der Rechnung.

Wenn ich **schul-management** nach dem kostenlosen **Test-Angebot** weiter lesen möchte, muss ich nichts unternehmen. Nur wenn mich **schul-management** nicht überzeugt hat, informiere ich Sie 14 Tage nach Erhalt der jeweiligen Ausgabe. Im **Direkt-Abo** erhalte ich **schul-management** zum günstigen Jahres-Abo-Preis und **als Dankeschön 2 Hefte gratis. schul-management** erscheint 6 x jährlich und kostet im Jahr € 43,30 plus Versandkosten. Eine Kündigung des Abos ist jeweils bis zu 8 Wochen vor Ende des Jahresberechnungszeitraums möglich. Wenn Sie Fragen haben, rufen Sie uns einfach an: Oldenbourg Schulbuchverlag Abonnentenservice (089) 450 51 336.

☐ Ich bin **nicht** damit einverstanden, weitere Angebote Ihres Unternehmens per E-Mail oder telefonisch zu erhalten (ggf. ankreuzen).

www.qs2m.de

Kunstgeschichte
Überblick und Einblick

**Kammerlohr –
Kunst im Überblick**
Stile – Künstler – Werke

464 Seiten, 4-farbig, zahlr. Abb., Grafiken und Skizzen, geb., Best.-Nr. 87507-2, € 28,95

In fünf Kapiteln (Antike, Mittelalter, Neuzeit, 19. Jahrhundert und 20. Jahrhundert) werden die einzelnen Strömungen, Künstler und Genres übersichtlich und knapp vorgestellt. Zahlreiche thematische Einheiten bilden die Grundlage für epochen- und genreübergreifende Unterrichtsphasen und ermöglichen einen Vergleich von Kunstwerken oder Künstlern.

Winfried Nerdinger (Hrsg.)

Perspektiven der Kunst
Von der Karolingerzeit bis zur Gegenwart

3. überarbeitete Auflage
528 Seiten, 4-farbig, zahlr. Abb., Grafiken und Skizzen, geb., Best.-Nr. 87517-1, € 28,95

Vom Mittelalter zur Postmoderne – dieses Standardwerk vermittelt in einem Band einen umfassenden Einblick in die Geschichte der bildenden Kunst und Architektur in Europa. An 79 Beispielen wird jeweils ein zentrales bildnerisches Problem einer Epoche schülernah dargestellt. Mit sachbezogenen Arbeitsaufträgen, Kurzbiographien und Glossar.

Klasse!

Oldenbourg ▪ bsv

Haben Sie noch Fragen? → Unser Servicetelefon: 01805 65 33 62 (€ 0,12/Min.) · Telefax: (089) 4 50 51-200 · E-Mail: info@oldenbourg-bsv.de
Internet: www.oldenbourg-bsv.de · Anschrift: Oldenbourg Schulbuchverlag/Bayerischer Schulbuch Verlag, Rosenheimer Straße 145, 81671 München